Adrian Plass · Tagebuch eines frommen Chaoten

W0024974

Adrian Plass

Tagebuch eines frommen Chaoten

Aus dem Englischen von Andreas Ebert
Mit einem Vorwort von Andreas Malessa

CIP-Titelaufnahme der Deutschen Bibliothek

Plass, Adrian:
Tagebuch eines frommen Chaoten / Adrian Plass. [Übers. aus dem Englischen von Andreas Ebert]. — 4. Aufl. — Moers : Brendow, 1991
    (Edition C : M ; 149)
    ISBN 3-87067-391-5
NE: Edition C / M

4. Auflage 1991
ISBN 3-87067-391-5
Edition C, Reihe M 149, Bestell-Nr. 57149
© Copyright 1990 by Brendow Verlag, D-4130 Moers 1
Originalausgabe: Originally published in English by Marshall Morgan &
Scott Publications Ltd., part of Marshall Pickering Holding Group under
the title THE SACRED DIARY OF ADRIAN PLASS (Aged 37 3/4).
© 1987 by Adrian Plass
Übersetzung aus dem Englischen: Andreas Ebert
Innenillustrationen: Dan Danovan
Einbandgestaltung: Thomas Georg, Mainz
Printed in Germany

Vorwort

„Was sich liebt, das neckt sich" — und wer die Kirche, wer die Gemeinden und Hauskreise der Nachfolger Jesu liebhat, der darf sie satirisch aufs Korn nehmen, ganz sicher. Leute, die über sich selbst lachen können, sind mir allemal sympathischer und wirken auch viel glaubwürdiger als jene Frommen, deren Christsein nur in bierernster Strenge oder bedeutungsschwerer Würde daherkommt.

Was Altes und Neues Testament an z. T. knallhartem Spott bieten, ist durch die deutsche Übersetzung und den fehlenden zeitgeschichtlichen Rahmen leider nur noch blaß zu erahnen:

Die Menschen bauen einen Turm, „der bis an den Himmel reicht" — und Gott muß „herniederfahren", um ihn sehen zu können (1. Mose 11, 4.5). Ein Volk betet hölzerne Götterstatuen an — und Prophet Jesaja empfiehlt, sich auf dem Brennholz lieber ein Steak zu grillen (Jes. 44, 14-20). Die Pharisäer lehren ein ausgeklügeltes Moralsystem mit 613 Einzelvorschriften aus der Thora — und Jesus serviert sie ab mit dem für damalige Zuhörer sehr witzigen Vergleich „Ihr siebt Mücken heraus und verschluckt Kamele!" (Matth, 23, 14).

„Wenn ich Ihre Predigten höre, dann glaube ich, daß Sie eines Tages als Märtyrer sterben könnten!" sagte der baptistische Erweckungsprediger Charles Haddon Spurgeon (1834-1892) zu einem Kollegen. „Tatsächlich?" fragte der Amtsbruder geschmeichelt, „spreche ich so kämpferisch und gewagt?" „Nein, das nicht. Aber wer so dürre Gedanken in so trockene Worte faßt, der müßte doch eigentlich gut brennen!"

Spurgeons eigene Predigten waren weder dürr noch trocken, sondern — humorvoll. Und das lateinische „humor" heißt zunächst einfach „Feuchtigkeit, Saft". Die Alchemisten im Mittelalter nannten die Körpersäfte des Menschen

„humores naturales". Der britische Humor war immer ebenso feinsinnig wie saftig. Deftig und derb bisweilen, für Deutsche manchmal oberhalb der Schmerzgrenze.

Adrian Plass, Verfasser des „Heiligen Tagebuchs", hat beim „Greenbelt"-Festival in England vor 25.000 und beim „Flevo"-Festival in Holland vor 9.000 Zuhörern am anhaltenden Applaus gespürt, daß sich seine Beobachtungen des Menschlich-Allzumenschlichen mit denen der Leser deckten. Daß Evangelikale und Charismatiker, Volks- und Freikirchler, Prediger und Laien ein kräftiges „So ist es!"-Erlebnis hatten, wenn sie die rührenden Bemühungen des Erzählers mitverfolgten, ein rechter Christ zu sein. Daß Ihre Barmherzigkeit mit menschlichen Schwächen, Ihre Geduld mit Unzulänglichem und Ihr selbstkritisches Augenzwinkern von den Alltagsabenteuern des Adrian Plass wiederbelebt werden,

wünscht Ihnen Andreas Malessa.

Vorbemerkung:

Der (vom Autor erfundene) Sohn des Tagebuchschreibers, Gerald Plass, frönt einem eigenartigen Hobby: er tüftelt Anagramme aus. Laut Brockhaus Enzyklopädie von 1966 ist ein Anagramm „die Umstellung der Buchstaben eines Wortes, um Pseudonyme, Wortspiele u.a. zu bilden... Im 16. und 17. Jahrh. wurde es bei Pseudonymen und Buchtiteln verwendet, so von... Christoffel von Grimmelshausen (Pseudonym: German Schleifheim von Sulsfort)..."

Im angelsächsischen Raum erfreut sich diese Spielerei, der man im Mittelalter allerlei mystische Bedeutungen gab, einer gewissen Beliebtheit. In Deutschland ist sie heute fast ausgestorben. Ein einziges Bändchen mit (allerdings genialen) Anagramm-Gedichten ist auf dem Markt: Oskar Pastior, Anagramm-Gedichte, München 1985. Ihm habe ich die Varianten zum Stichwort „seinesgleichen" beim Tagebucheintrag vom Mittwoch, 19. Februar, entnommen. Die restlichen Anagramme in dieser Übersetzung habe ich auf langen Eisenbahnfahrten und — anläßlich eines Besuchs — mit Hilfe meiner sprachbegeisterten Mutter ertüftelt. Zu meiner Entlastung bei der Übersetzung künftiger Plass-Werke (es gibt noch mehr!) bitte ich die Leserinnen und Leser dieses Buches, eigene Anagramm-Einfälle beim Verlag einzusenden.

Der Übersetzer

Samstag, 14. Dezember

Fühle mich innerlich geführt, ein Tagebuch anzufangen. Eine Art spirituelles Logbuch zur Erbauung künftiger Geschlechter. Höhere Eingebungen und Erkenntnisse werden immer wieder neu aus seinen Zeilen emporstrahlen wie ein Leuchtturm in der Nacht.

Weiß nicht, was ich heute schreiben soll.

Na ja, morgen ist Sonntag. Am *Sonntag* muß doch was los sein, oder?

Sonntag, 15. Dezember

Alle Jahre wieder dieser Weihnachtsrummel! Diesmal werde ich nur zehn Karten verschicken. Was ist schließlich der Sinn von Weihnachten?!

In unserer Kirche geht es in letzter Zeit zu wie in einem Auktionshaus. Ein Blick, und schon wirst du beseelsorgt. Meine Devise lautet deshalb: „Keine falsche Bewegung und erlöst lächeln!" Heute früh predigte Edwin Burlesford. 45 Minuten zum Thema „Sünde"! Eine Rekord-Predigt: neun Gummibärchen. Gegen Halbzeit wollte ich mich gerade mit Nachschub versorgen, als Edwin plötzlich schrie: „WOLLUST!" und mir die Tüte unter den Stuhl fiel. Steckte den Kopf zwischen die Beine, um die Gummibärchen zu orten, kam aber nicht mehr hoch, weil Doreen Cook die Hände auf meinen Hinterkopf gepreßt hatte. Sie betete, „daß unser verzweifelter Bruder von der Finsternis zum Licht geführt wird". Das war auch *mein* Herzensanliegen — schließlich war es da unten zappenduster. Als sie mich endlich wieder das Licht der Welt erblicken ließ, befand sich dieses impertinente christliche Lächeln auf ihrem Gesicht. War nahe dran, ihr einen echten Grund zu bieten, mir zu vergeben. Jeder denkt jetzt, ich habe ein riesiges Wollustproblem. Beim Kirchenkaffee lächelten mir alle aufmunternd zu. Leonard Thynn umarmte mich. Ich trug mich auf Edwins Liste fürs Weihnachtsliedersingen am nächsten Sonntag ein, um zu bewei-

sen, daß ich nicht *völlig* verdorben bin. Gerald will auch mit-
machen.

Montag, 16. Dezember

Mein Sohn Gerald sagt, nächsten Samstag kommt James
Bond im Fernsehen. Schade, daß sich das mit dem Singen
überkreuzt. Aber der Dienst des Herrn hat natürlich Vorrang!

Habe völlig geistesabwesend einen Karton mit 50 Weihnachtskarten gekauft. Wenn schon — die reichen für fünf
Jahre.

Dienstag, 17. Dezember

Habe letzte Nacht geträumt, *ich* bin James Bond.

Mittwoch, 18. Dezember

Ist Weihnachtsliedersingen schriftgemäß? Rief Doreen
Cooks Mann Richard an, der die Auffassung vertritt, Weih-
nachtsbäume sind heidnisch. Fehlanzeige — anscheinend ist
das Singen in Ordnung.

Wieder 50 Karten gekauft.

Donnerstag, 19. Dezember

Könnte es sein, daß Gott mir sagen will, ich *soll* James
Bond sehen? Schlug die Bibel aufs Geratewohl auf und legte
meinen Finger irgendwo auf die Seite. Da stand: „Und die
Hunde leckten das Blut…"

Ging zu Bett. Manchmal verstehe ich Gott nicht…

Freitag, 20. Dezember

Legte ein „Vlies"[1] aus. Wenn pünktlich um 9.04 Uhr ein

---

[1] Anm. d. Übersetzers: Richter 6,36ff. wird berichtet, wie Gideon ein
Wollvlies auf die Tenne legt und zu Gott sagt: „Wenn nur auf der Wolle Tau ist und der ganze Boden um das Vlies herum trocken bleibt,
dann will ich daran erkennen, daß du Israel durch meine Hand erretten
willst." Gott tut das Zeichen und Gideon führt Israel in den Kampf. In
einigen christlichen Kreisen ist es üblich, in Entscheidungssituationen
„ein Vlies zu legen", d.h., Gott um ein Zeichen zu bitten.

Gnom in einer japanischen Admiralsuniform an meiner Haustür erscheint, dann weiß ich, daß Gott möchte, daß ich Weihnachtslieder singe.

9.05 Uhr: Ein Wunder! Keiner hat geklingelt. Damit ist der Fall erledigt. Um 10.30 Uhr kam bloß Leonard Thynn und verkaufte Weihnachtskarten. Nahm 50.

Samstag, 21. Dezember

Was für ein Abend!

19.30 Uhr: Filmbeginn. Wunderte mich, daß sich Gerald vor die Flimmerkiste setzte. „Was ist mit den Weihnachtsliedern?" wollte ich wissen. „Ach, weißt du", sagte er, „ich hab schon am Montag den ollen Edwin angerufen und ihm gesagt, daß heut ein guter Film läuft und daß ich deshalb nicht kommen will."

Warum mache *ich* so was nie?

20.45 Uhr: Edwin an der Tür. Hat sich Sorgen gemacht, weil ich nicht beim Singen erschienen bin. Ich verlor die Nerven und erklärte ihm, ich hätte immer noch an meiner Wollust zu kauen.

23.00 Uhr: Edwin verließ mich, nachdem er mich zweieinhalb Stunden beseelsorgt hatte. Verpaßte das Filmende. An der Tür sagte Edwin: „Ich geh jetzt nach Haus und seh mir den Bondfilm an. Meine Frau hat ihn auf Video aufgezeichnet."

Gerald behauptete, das sei das beste Filmende gewesen, das er je gesehen hat. Dabei grinste er auf eine reichlich unchristliche Weise. Aber im großen und ganzen ist er in Ordnung. Tätschelte gönnerhaft mein Haupt und meinte, Gott hätte mich *trotz allem* lieb.

Nächstes Jahr werde ich keine *einzige* Weihnachtskarte verschicken.

...Trotz *was*???

Sonntag, 22. Dezember

Heute war ein Gastprediger in der Kirche. Hatte eine Mönchskutte an und sagte, Gott ist unser Freund und mag uns. Alles schielte verstohlen zu Edwin, um zu sehen, ob wir einverstanden sind. War schwer zu sagen, weil Edwin selig lächelnd dasaß wie ein satter Säugling. Der Redner zitierte andauernd Mutter Teresa von Kalkutta, die bekanntlich *römisch-katholisch* ist!

Hinterher tuschelte uns Richard Cook zu: „Alles schön und gut, aber ist sie *bekehrt?*"

Gerald zischte zurück: „Alles schön und gut, aber wie viele verlauste Bettler hast du letzte Woche gewaschen, Richard?"

Anne sagte, sie fand den Mönch wundervoll. Dann wird es wohl stimmen.

Heute hat uns eine doppelte Hiobsbotschaft erreicht, die uns in nachhaltige Depressionen stürzen würde, wenn wir keine Christen wären: Annes Onkel Ralph, der ordinärste Mensch, der mir je über den Weg gelaufen ist, muß Weihnachten ausgerechnet bei uns verbringen! Das wäre nicht so schlimm, wenn sich nicht gleichzeitig ab morgen meine eigene Großtante Marjorie angekündigt hätte. Sie lehnt Gummibärchen ab — wegen ihres „toxischen Potentials"! Gerald rieb sich die Hände, als er die Neuigkeiten vernahm.

Oh je…

Lag noch eine Weile wach und dachte darüber nach, was der Mönch gesagt hatte: „Gott ist mein Freund und mag mich." Fand dabei irgendwie Frieden.

Montag, 23. Dezember

Traf Gerald im Korridor, als ich von der Arbeit kam. Er sagte: „Die Titanic hat angedockt."

Fand Tante Marjorie im Wohnzimmer, wo sie dasaß und die Fernsehzeitung durchforstete. Nachdem wir unseren traditionellen Begrüßungskuß gewechselt hatten, bei dem das ungeschriebene Gesetz gilt, daß keine Faser meines Gesichtes auch nur eine Faser ihres Gesichtes berührt, sagte sie: „Ich zirkle jene Sendungen mit schwarzer Tinte ein, die ungeeignet sind und die wir während der Weihnachtstage *nicht* sehen werden!"

Gerald steckte seinen Kopf zur Tür rein und sagte: „Draußen steht ein Mann, der eine besondere Sendung hat."

Stellte sich heraus, daß es sich um den Postboten handelte, der eine späte Runde machte. Ein Päckchen und zwei Karten. Als am Abend alle im Bett waren, zählte ich die Karten, die wir bisher gekriegt haben. Nicht so viele wie letztes Jahr. Ich vergebe natürlich allen, die uns vergessen haben; aber ich finde, die könnten sich ruhig ein bißchen mehr anstrengen. Das ist doch schließlich der Sinn von Weihnachten, oder!?

Onkel Ralph kommt morgen an.

Wie in aller Welt wird das bloß mit Tante Marjorie und ihm werden?

Gerald sagt, im Vergleich zu Onkel Ralph wirkt Otto Waalkes wie der Erzbischof von Canterbury.

Apropos Gerald: ich *muß* mehr mit ihm unternehmen. Er hat mich gefragt, ob ich am Freitag mitkomme und mir die neue christliche Band anhöre, die er jetzt mit ein paar Freunden aufzieht.

Sie nennen sich *Bad News for the Devil — Schlechte Nachricht für den Teufel.*

Ich *werde* gehen.

Ich mag Musik.

Dienstag, 24. Dezember

Wie ist es möglich, daß jemand wie Anne einen Onkel wie Ralph hat? Er kam kurz nach dem Mittagessen an, klein und dick und auf einem lächerlichen Motorroller! Für ihn ist das Leben eine Art Disneyland, allerdings freigegeben ab 18.

Katastrophale Erstbegegnung mit Großtante Marjorie. Küßte sie frontal auf den Mund und sagte: „Wußte gar nicht, daß dieses Weihnachten ein Extra-Leckerbissen auf der Speisekarte steht. Halt dich an mich, Marjy-Mädchen! Könnte sein, daß du auf Ralphys Wellenlänge funkst."

Tante Marjorie wurde blaß wie ein Laken und weigerte sich den verbleibenden Abend, Ralph eines Blickes zu würdigen, geschweige denn, mit ihm ein Sterbenswort zu reden — sogar als er die Fernsehzeitung durchblätterte und meinte: „Hey! Super Service! Da ist schon jemand das Programm durchgegangen und hat die besten Sendungen angekreuzt!"

Anne und ich plazierten noch spät am Abend die Geschenke unter den Weihnachtsbaum. Die von Onkel Ralph sind alle flaschenförmig.

Wollte von Anne wissen, was Gott an Onkel Ralph ihrer Meinung nach mag. Sie sagte: „Seine Nichte." Küßchen!

Mittwoch, 25. Dezember

Weihnachten!

Tante Marjorie verfügte sich am Morgen in eine „ordentliche" Kirche.

Ralph war noch nicht aus den Federn, als auch Gerald, Anne und ich zum Weihnachtsgottesdienst aufbrachen.

Alles wunderschön — bis zu jenem Zeitpunkt mitten in der Gebetsgemeinschaft, als George Farmer, der hinter mir saß, aufstand und begann, mit geballter Faust hin und her zu fuchteln, während er glutvoll um „Eintracht und Bruderliebe zwischen allen Gotteskindern" betete.

Plötzlich traf mich seine Faust mit aller Inbrunst an der Schläfe; ich kippte vornüber und war einen Augenblick lang weg. Schüttelte mich, um wieder klarzukommen, und merkte zu meinem Erstaunen, daß Farmer noch immer in Fahrt war, als sei nichts passiert!

Spürte nicht viel Eintracht und Bruderliebe.

Hinterher sagte ich zu ihm: „Ich vergebe dir, daß du mich k.o. geschlagen hast, George."

Er sagte: „Ich? Wirklich?"

Gerald meinte: „Doch. Es war beim fünfundzwanzigsten

‚und, lieber Heiland, laß uns auch…' — ich habe mitgezählt."

Gingen nach Hause.

Verbrachte den Rest des Tages damit, Onkel Ralphs Witze strategisch abzufangen, bevor die Pointe die Zielgerade überqueren konnte. Wurde immer schwieriger, weil er immer mehr Whisky trank.

Nach dem Tee ging er auf sein Zimmer, um etwas „wirklich Gutes" für ein Spiel zu holen, das er kannte.

Kam mit einem Gummiaffen zurück, der an einer langen elastischen Leine befestigt war. Sagte zu Großtante Marjorie, sie sollte den Affen oben in ihr Kleid stopfen und unten wieder rausholen. Dann sollte sie den Affen ihm geben, damit er ihn durch seine Hosen ziehen könnte. Daraufhin würde er ihn an Anne weiterreichen.

Dachte einen Augenblick lang, die Tante fällt in Ohnmacht.

Sie begab sich frühzeitig zu Bett. Die Flasche Gin, die ihr Ralph heute früh geschenkt hatte, hinterließ sie ungeöffnet im Papierkorb unter der Treppe.

Gerald, der den Tag anscheinend außerordentlich genossen hat, fragte Ralph, ob er noch weitere „gute Spiele" wüßte.

Ralph sagte, das beste Spiel, daß er kennt, geht so, daß alle im Kreis sitzen und jeder trinkt eine Flasche Whisky. Dann verläßt ein Mitspieler das Zimmer und die anderen müssen raten, wer es war.

Wie soll man ein christliches Haus führen, wenn Leute wie Onkel Ralph da sind?!

Glaube, ich wäre ein prima Christ, wenn mir die anderen nicht dauernd dazwischenfunken würden.

Habe das schon früher bemerkt.

Erwähnte es abends im Bett gegenüber Anne.

Sie sagte: „Ich verspreche Dir, Schatz, daß Gerald und ich alles tun werden, um deiner Heiligkeit keine Stolpersteine in den Weg zu legen."

Vermute eine Prise Ironie zwischen den Zeilen.

Donnerstag, 26. Dezember

Richard Cook erschien heute früh, um uns zur Silvesterfeier der Gemeinde einzuladen. Redeten in der Küche.

Hatte Angst, Onkel Ralph könnte plötzlich auf der Bildfläche erscheinen und etwas Anstößiges von sich geben.

Fürchte, ich war nicht ganz aufrichtig.

Ich sagte: „Annes Onkel Ralph verbringt das Weihnachtsfest diesmal bei uns, Richard. Er ist kein Christ und kann machmal — wie soll ich sagen — schwierig sein. Aber ich bin ehrlich gesagt der Meinung, daß zu unserem Glaubenszeugnis auch gehört, daß wir einen Geist der Toleranz zeigen und vielleicht sogar hin und wieder den Eindruck erwecken, daß uns Dinge gefallen oder amüsieren, die — wie soll ich sagen — nicht ganz — ääh — in Ordnung sind."

Sagte das, weil ich mir bei ein oder zwei von Ralphs Witzen das Lachen nicht hatte verkneifen können. Und weil ich wußte, daß er es schaffen würde, zu Richard zu sagen: „Der hier ist gut! Adrian hat sich fast in die Hosen gemacht, als er ihn gehört hat!"

Was das „Zeugnis" betrifft, so habe ich im Zusammenhang mit Onkel Ralph bisher keinen Gedanken an so was verschwendet. Wohl nicht der christliche Typ, nehme ich an.

War erstaunt, als wir mit unserem Kaffee ins Wohnzimmer wechselten. Ein Wunder mußte geschehen sein. Ralph schüttelte Richard ganz ruhig und höflich die Hand und bestand darauf, ihn zu unserem bequemsten Sessel zu geleiten, während er sagte: „Es ist mir ein wirkliches Vergnügen, einen von Adrians Freunden kennenzulernen. Nehmen Sie doch bitte Platz!"

Als Richard sein Gewicht auf den Sessel verlagerte, ertönte unter ihm ein äußerst abstoßendes Geräusch. Er fuhr hoch wie von der Tarantel gestochen, und Onkel Ralph lüftete das Sitzpolster, um eine kürzlich noch mit Luft gefüllte Gummiblase zutage zu fördern, auf der „HUPKONZERT" stand. Ralph kriegte sich kaum ein.

Richard, der sich offensichtlich zu Herzen genommen hatte, was ich in der Küche gesagt hatte, begann mit seiner gekünstelten Fistelstimme zu gackern und sagte: „Oh, was für ein überaus gelungener Scherz! Ich mißbillige ihn keineswegs. Oh nein! Ich denke, das war sehr spaßig. Ha, ha!"

Schämte mich in Grund und Boden.

Rief Richard später an und beichtete ihm, daß ich nicht sehr ehrlich gewesen war.

Eins muß man ihm lassen: Der gute alte Richard ist nicht nachtragend. Weiß nicht, ob er bloß ein dickes Fell hat oder ob das Liebe ist.

Als Anne und Gerald kamen, erzählte ich, was passiert war.

Anne, die mit Tante Marjorie auf einer Mißbilligungstour durch unser Viertel gewesen war, verhielt sich ziemlich reserviert.

Gerald dagegen ließ mich die Ereignisse dreimal erzählen. Konnte ihn noch Stunden später wiehern hören, als wir alle längst im Bett waren.

Welch ein Glück, daß Marjorie und Ralph morgen abreisen.

Uns reicht's erst mal.

In der Nacht bohrende Zahnschmerzen...

Freitag, 27. Dezember

Die beiden sind weg! Endlich wieder Friede.

Ging am Abend zur Unity Hall, um *Bad News for the Devil* bei der Probenarbeit zu belauschen. Als ich ankam, verharrte ich einen Augenblick vor der Tür und vernahm ein Geräusch, das sich anhörte, als ob ein Klavier durch einen Fahrstuhlschacht fällt, während jemand unter dem Klavierdeckel eingeklemmt ist.

Erfuhr später, daß es sich um eine Nummer handelte, die den Titel trägt „Friede ist nah".

Dachte bei mir, ein besserer Name für die Gruppe wäre „Ziemlich ermutigende Nachricht für den Teufel".

Behielt das aber für mich.

Sie sind ja alle so unheimlich motiviert.

Gerald spielt Lead-Gitarre, Vernon Rawlings Baß und Elsie Burlesford Flöte. William Farmer ist zuständig für Schlagzeug (sehr laut) und Sologesang (absolut unverständlich).

Im Gespräch erfuhr ich, daß keiner von ihnen im Traum an Ruhm oder Reichtum interessiert ist. Sie wollen mit ihrer Musik ausschließlich dem Herrn dienen.

Habe Gerald noch nie so bei der Sache erlebt.

Edwin hat sie eingeladen, in drei Wochen im Gottesdienst zu spielen, falls sie bis dann „soweit sind".

Hmmmm...

Samstag, 28. Dezember

Zahnschmerzen zwar erträglich, aber pausenlos.

Anne braucht es nicht zu wissen.

Sonntag, 29. Dezember
Aufgestanden.
Zahnschmerzen.
Wieder ins Bett.

Montag, 30. Dezember
Über meinem Haupte verlöschen alle Lichter.

Dienstag, 31. Dezember
Wachte um fünf wegen diesen vermaledeiten Zahnschmerzen auf. Trübsal! Intensives Gebet auf dem Klo. Vielleicht gehn sie ja einfach weg. Werde immer reizbarer. Muß aufpassen, daß Anne nichts merkt.

Um 21 Uhr zur Silvesterparty der Kirche bei den Cooks. Zuvor hatte ich gesagt: „Wir bringen *Tsatsiki* mit, oder?"

Anne hatte gemeint: „Kuchen wäre wahrscheinlich besser."

Erinnerte Anne sanft, aber bestimmt daran, daß uns die Schrift lehrt, daß der Mann das Haupt des Weibes ist. Wir nahmen Tsatsiki mit.

Alle brachten Tsatsiki mit! Kein Brot, kein Kuchen, kein Pudding, nichts als Tonnen von − Tsatsiki.

Anne sagte: „Was nun, mein Herr und Gebieter?"

Gerald meinte, das Gebet des Herrn sollte künftig geändert werden in „Unser tägliches Tsatsiki gib uns heute. Denn das ist das einzige, was Christen essen."

Richard Cook stand in der Nähe und hatte alles mitgehört. Er sagte, das sei eine Verhöhnung des Wortes und ob Gerald wirklich ein reines Gewissen habe?

Gerald erwiderte blödsinnigerweise: „Na klar, wir geben doch immer *Lenor* in den letzten Spülgang!"

Richard floh in Richtung Himbeerbrause. Ich wünsche mir manchmal, Gerald würde nicht dauernd so was machen.

Gingen nach ein oder zwei Stunden voller lauter und peinlicher Spiele, die George Farmer organisiert hatte.

Beim Verlassen des Gartens stießen wir auf Leonard

Thynn, der gerade eine theologische Debatte mit einem großen Gartenzwerg hatte und dabei fortwährend an einer eindeutig geformten und riechenden Flasche nuckelte. Brachten ihn heim. Gerald bestand darauf, ihn ins Haus und ins Bett zu schaffen. Typisch Gerald. Nicht fromm, aber lieb.

Mittwoch, 1. Januar

1.30 Uhr. Anne schläft längst. Ich nicht. Mein Gebiß steht in Flammen!

Da kann ich auch gleich meine Vorsätze fürs neue Jahr schriftlich niederlegen:

(1) *Jeden Morgen* werde ich Anne eine Tasse Tee ans Bett bringen. Sie verdient es.

(2) *Jeden* Morgen werde ich Stille Zeit halten, nachdem ich Tee gemacht habe. Werde Gott mehr von meiner Zeit schenken. Er verdient es.

10 Uhr (bei der Arbeit): Entsetzlich! Bin hundemüde, nachdem ich noch so lange auf war und über meinen Vorsätzen gebrütet habe. Vergaß, den Wecker zu stellen, so daß wir alle verschlafen haben. Anne war auf 100. Gerald grinste auf seine unnachahmliche Weise, die einen auf die Palme treiben kann. Zu spät im Geschäft. Keine Stille Zeit.

Zahnschmerzen entsetzlich, aber ich spüre, daß der Herr zu mir sagt: „Ich will dich heilen. Geh nicht zum Zahnarzt!" Gebet ist dran! (Nehme Schmerztabletten, bis Gebet erhört.)

Donnerstag, 2. Januar

Zahnschmerzen SCHLIMM!!! Frau häßlich. Sohn lächerlich. Gott nicht-existent. Stille Zeit? Tee am Bett? Ha! Warum heilt Gott meinen Zahn nicht, wenn er doch angeblich so wunderbar ist? Hosentaschen voller zerknüllter Aspirin-Schachteln. Fürchte, Anne schöpft Verdacht.

Freitag, 3. Januar

SCHMERZ! SCHMERZ! SCHMERZ!

Richard kam abends vorbei, um sich bei Gerald zu entschuldigen, daß ihm Dienstag der Kragen geplatzt ist. Dann entschuldigte sich Gerald dafür, daß er Richard dazu gereizt hat, sich zu vergessen; dann entschuldigte sich Richard dafür, daß er nicht schon früher gekommen ist; dann sagte Gerald... usw. usw. So was Absurdes! *Die* haben keine Zahnschmerzen!

Später sagte Gerald, eine Entschuldigung von Richard gleicht noch am ehesten dem juristischen Tatbestand grob fahrlässiger Körperverletzung. Fühlte plötzlich einen stechenden Schmerz in der Backe und nannte Gerald einen „arroganten Heiden".

Anne sah mich zuerst pickelhart und durchdringend an, dann nickte sie bedächtig. „Ich wußte es", sagte sie, „du hast Zahnschmerzen."

Sie besorgt mir für morgen einen Nottermin.

MORGEN, Herr! Bitte heile mich vor morgen! Sie arbeiten doch samstags sowieso nicht, oder? Doch?

Samstag, 4. Januar

War beim Zahnarzt!!! Er hat meinen Zahn repariert!! Wie wundervoll, liebenswert und schön ist die Welt!

Schwebte nach Hause zu meinem betörenden Eheweib, meinem charmanten Sohn. Plauderte dabei mit meinem Gott und Herrn, der mich so lieb hat.

Warum in aller Welt machen die Leute so ein Theater, wenn sie zum Zahnarzt sollen? Alles, was man braucht, ist ein bißchen Courage, das ist alles.

Sonntag, 5. Januar

Brachte Anne ohne Hadern und Murren den Tee ans Bett.

Lange Stille Zeit.

Lud Richard Cook, Leonard Thynn und Edwin Burlesford,

unseren Gemeindeältesten, zum Sonntagstee ein. Gerald benahm sich bis kurz vor Schluß mustergültig.

Plötzlich beugte er sich geheimnisschwanger vor und sagte mit todernster Miene: „Richard, darf ich dir mal unter dem Siegel der Verschwiegenheit eine wirklich erstaunliche Tatsache verraten?"

Richard lernt es nie.

„Nur zu", sagte er — gespannt wie ein Regenschirm.

„Wußtest du", sagte Gerald feierlich, „daß die Buchstaben von *Michael Jackson* so umgestellt werden können, daß sie *Na ja, Milchsocke!* ergeben?"

Anne runzelte die Stirn.

Ich erstickte am Tee.

Edwin prustete.

Leonard gackerte.

Richard fragte: „Wer ist Michael Jackson?"

Montag, 6. Januar

Machte auf dem Heimweg von der Arbeit einen Abstecher in den christlichen Buchladen.

All diese Bücher!

Gerald sagt, erbauliche Taschenbücher sind wie chinesisches Essen. Zunächst sehr sättigend, aber es dauert nicht lang, bis man wieder was braucht.

Erwischte aber diesmal ein wirklich gutes Buch über den Glauben. Es heißt: „Du liebe Güte — was in aller Welt tun wir in Gottes Namen um Himmels willen?"

Finde den Titel sehr originell.

Es geht darum, wie Christen durch den Glauben Berge versetzen können, wenn sie wirklich im Einklang mit Gott sind. Sehr inspirierend.

Wartete, bis keiner in der Nähe war und begann, mit einer Büroklammer zu üben. Legte sie auf den Schreibtisch, blickte sie gebieterisch an und wollte, daß sie sich bewegt. Nichts! Versuchte, es ihr mit lauter Stimme zu befehlen.

In diesem Moment kam Gerald herein und fragte: „Warum schreist du so rum, Papa?"

Konnte ihm schlecht erklären, daß ich einer Büroklammer Kommandos gab!

Sagte, ich übe Stimm-Projektion.

Er fragte: „Was ist denn *das*?"

Ich sagte: „Weiß ich selber nicht." Fühlte mich wirklich belämmert.

Anne erzählt, daß bald wieder jemand ins leerstehende Haus nebenan einzieht. Wäre schön, wenn es Christen wären oder wenigstens Leichtbekehrbare.

Dienstag, 7. Januar

Gerald hat es geschafft, einen Samstagsjob bei Woolworth zu kriegen. Sagt, das würde dazu beitragen, das musikalische *Equipment* für die Band zu finanzieren.

Anne fragte: „Bist du sicher, daß du nach einer langen Woche im College nicht zu erschöpft bist?"

Gerald lachte, als hätte sie etwas besonders Albernes von sich gegeben!

Am Abend ein weiteres Rendezvous mit der Büroklammer. Nahm diesmal wirklich Vollmacht über sie in Anspruch. Rührte sich keinen Millimeter vom Fleck.

Sagte Gott, ich würde alles aufgeben, was er von mir verlangt, wenn er sie dazu bringen würde, sich wenigstens drei Zentimeter zu bewegen.

Nichts!

Alles ziemlich besorgniserregend. Wenn man bloß den Glauben von der Größe eines Senfkorns braucht, um einen ganzen Berg zu versetzen, wieviel Hoffnung gibt's dann für mich, wo ich nicht mal eine Büroklammer motivieren kann, zu machen, was man ihr sagt!

Mittwoch, 8. Januar

Richard und Edwin haben am Abend auf eine Tasse Kaffee reingeschaut. Wir plauderten ein Weilchen, als plötzlich Gerald mit einer Ladung Leitungen und Steckern und ähnlichem Zeug unterm Arm reinkam.

Richard sagte: „Ich höre, du wirst am Sonnabend dem Herrn bei Woolworth dienen, Gerald."

„Hängt davon ab, ob er reinkommt oder nicht", sagte Gerald.

Komische Sache — Richard, bei dem die Religion aus allen Knopflöchern trieft, machte eine unheimlich finstere und sauertöpfische Miene, als er das hörte. Edwin dagegen, der Kirchenältester ist und bei uns mehr oder weniger die Gemeinde managt, fiel in seinen Sessel, strampelte mit den Beinen und lachte sich halbtot. Seltsam!

Hoffte, Richard würde vor Edwin aufbrechen, damit ich ein bißchen Seelsorge in Sachen Glaube kriegen könnte, aber die beiden gingen zusammen.

Erzählte Anne später, ich hätte von einem Mann gehört, der versucht hat, durch den Glauben eine Büroklammer zu bewegen, es aber nicht geschafft hat. Sie gähnte und meinte: „Na ja, ein paar abartige Spinner muß es wohl geben."

Donnerstag, 9. Januar

Am Abend Hauskreis. Wir hörten eine evangelistische Kassette von Billy Graham. Die alte Mrs. Thynn, die fast taub und etwas schwer von Begriff ist, sagte: „Seit Billy Graham im Fernsehen übers Brot des Lebens geredet hat, kauf' ich nur noch *Graham-Brötchen*. Was meint ihr, wie meine Verdauung seitdem funktioniert!"

Danach trotzdem noch gute Gebets- und Anbetungszeit. Vergaß fast eine Stunde lang die Geschichte mit der Büroklammer, weil ich an Jesus dachte und dadurch ganz abgelenkt wurde. Bat Gerald am Ende der Anbetungszeit, die Anzahl der gewünschten Getränke festzustellen.

Er sagte: „Also, ihr goldigen Charismatiker — Hände runter, wer Kaffee will!"

Ich weiß nicht, warum man ihm das alles durchgehen läßt.

Ein ziemlich merkwürdiges Paar war heute zum ersten Mal
da, Mr. und Mrs. Flushpool. Sagten den ganzen Abend kein
Wort, saßen bloß da und hörten zu. Edwin nahm mich später
beiseite und fragte, ob ich die beiden nicht demnächst mal
zum Abendessen einladen könnte, weil sie doch gerade erst
Gemeindemitglieder geworden sind und noch keinen kennen. Sagte, ich müßte erst mal Anne fragen. Edwin war draußen, bevor ich ansetzen konnte, ihm mein Glaubensproblem
anzuvertrauen.

Freitag, 10. Januar

War wieder in der Unity Hall, um zu sehen, wie sich die
Band macht. Dieser technische Aufwand! Klang aber schon
viel besser. Denke, sie haben jetzt das Stadium erreicht, wo
sie sich mit Fug und Recht „Keine besonders gute Nachricht
für den Teufel" nennen könnten.

Sie sagten, Sachen wie Plattenverträge würden sie überhaupt nicht reizen, außer natürlich, sie würden in diese Richtung geführt werden. Dieser William Farmer kommt mir allerdings noch immer ein bißchen überspannt vor. Wenn der
in dem einen oder anderen christlichen Zirkel auftreten würde, die ich kenne, würde bestimmt irgendwann einer aufstehen und einen Exorzismus vorschlagen.

Anne sagt, die Flushpools könnten nächste Woche Donnerstag kommen. Wirkte dabei nicht übermäßig begeistert.
Ungewöhnlich für Anne. Normalerweise ist sie sehr gast-
freundlich.

Samstag, 11. Januar

Stand heute zeitiger auf, um dieser verflixten Büroklammer eine letzte Chance zu geben. Endete damit, daß ich sie

grimmig, wenn auch phon-schwach (weil ich keinen wecken wollte), anzischte. Als ich aufgab und die Tür aufmachte,

stieß ich auf Anne und Gerald im Nachthemd, die gelauscht hatten und ziemlich besorgt aus der Wäsche guckten.

Anne sagte: „Schatz, warum sagst du zu der Büroklammer, du würdest ihr schon zeigen, wo's langgeht, wenn sie nicht endlich ihren dämlichen Akt bringt?"

Erklärte mit dem Rest von Würde, den ich aufbringen konnte, daß ich ein Glaubensexperiment durchgeführt habe und ein bißchen aus der Haut gefahren bin, weil es nicht geklappt hat.

Anne sagte: „Aber Liebling, Christsein heißt doch nicht, einem magischen Zirkel anzugehören. Warum sollte Gott wollen, daß du durch den Glauben eine Büroklammer versetzt?"

Gerald rieb sich die Augen und sagte: „Papa, ich finde, du bist unbezahlbar. Ich würde dich nicht für viel Geld hergeben."

Gefiel mir, daß er das sagte. Anne kochte mir ein warmes Frühstück. Fühlte mich wirklich ziemlich glücklich.

Am Abend schlechte Karten bei Anne. Trank Tee mit Gerald, nachdem er seinen ersten Arbeitstag hinter sich hatte. Fragte ihn, ob es dort ein paar nette Mädchen gibt. Entwikkelte sich zu einer Diskussion über das Aussehen von Frauen.

Schließlich sagte Gerald: „Wenn's hart auf hart geht, kann ich mir keine Frau vorstellen, die's mit Mama aufnehmen kann."

Völlig in die Konversation vertieft sagte ich: „Oh, ich schon!"

Anne packte noch zwei Bratwürste auf Geralds Teller und nahm mir meine weg, bevor ich fertig war.

Gerald kann doch nicht geplant haben, daß das passiert...oder?

Sonntag, 12. Januar

Heute morgen eine Sechs-Gummibärchen-Predigt zum Thema „Zeugnisgeben" von Edwin. Sehr gut. So, daß du gleich rausrennen wolltest und jemanden bekehren. Driftete in einen wohligen Tagtraum ab, in dem ich begann, auf den Straßen zu predigen. Am Schluß hatte sich eine riesige Menschenmenge um mich geschart, die alle unter Tränen Buße taten und von ihren Krankheiten geheilt wurden — nur durch die Berührung meiner Hand. War während des folgenden Liedes den Tränen nah, als ich mir vorstellte, wie ich zu den unüberschaubaren bedürftigen Massen der Welt redete.

Fuhr erschreckt hoch und kam zu mir, als ich merkte, daß Edwin Freiwillige suchte, die nächsten Freitag *echte* Straßenevangelisation machen wollten.

Rutschte so tief in den Sitz wie möglich und versuchte, wie jemand auszusehen, dessen brennender Missionseifer von unverrückbaren Sachzwängen gebremst wird.

Leonard Thynn, der neben mir saß, rammte mir den Ellbogen in die Rippen und tuschelte: „Komm! Du bist da bestimmt gut drin! Ich mach mit, wenn du mitmachst!"

Ehrlich! So was ist mir noch nie passiert. Thynn führte sich auf, als wären wir zwei Pfadfinderinnen, die sich darum reißen, im selben Zelt zu schlafen.

Hob also die Hand, Leonard ebenso. Bei einer besonderen Zusammenkunft im Anschluß sagte Edwin, wir würden zwei und zwei losmarschieren. Leonard und ich sollen mit den Leuten reden, die im Hamburger-Schnellimbiß in der High Street ein- und ausgehen.

Fühle mich bei der Aussicht ein bißchen deprimiert. Nur mal angenommen, ich treffe jemanden, den ich kenne! Habe Leonard sehr gern, aber er ist nicht der zuverlässigste Mensch auf der Welt.

Fragte heut abend Anne und Gerald, was sie von dem Ganzen halten. Gerald sagte, seiner Meinung nach würden Leute, die Fischburger bevorzugen, offener sein als Hamburger-Fans. Versuchte, mich zu zwingen, *nicht* zu fragen warum, platzte aber nach zwei Minuten.

Ich fragte: „Und weshalb sind Fischburger-Esser angeblich offener?"

„Weil", sagte Gerald, „sie dem Fleisch bereits abgeschworen haben."

Er muß nachts wachliegen, um sich diesen Mist auszudenken.

Montag, 13. Januar

Lag selbst letzte Nacht eine Weile wach und machte mir Sorgen wegen Freitag. Ich werde nicht wissen, was ich sagen soll! Wünschte mir, ich würde einem abseitigen Kult angehören, der Frösche anbetet.

Fand eine Notiz von Gerald auf dem Tisch, ich sollte — wenn ich am Ende der Woche hinausgehe, um die Welt zu ändern — der gewichtigen Tatsache eingedenk sein, daß *Mister Billy Graham* ein Anagramm von *Hybris gellt am Rima* ist.

Richard rief mittags an, um zu fragen, ob er morgen abend mit seinem Sohn Charles vorbeikommen könnte, um über ein „kleines Problem" zu reden.

Alles ziemlich rätselhaft. Ich dachte, Charles ist erst unlängst zum zweiten Trimester in die Bibelschule abgereist. Im letzten Trimester hatte er wöchentlich einen Brief an die Gemeinde geschrieben, aus dem Edwin gelegentlich Auszüge vorgelesen hat. Gerald, der Einblick in die ungekürzten Originaltexte hatte, sagte, im Vergleich zu Charles' Episteln wirken die Paulusbriefe wie knapp hingeschluderte Gelegenheitsschriften.

Möchte wissen, was schiefgegangen ist.

Und wer oder was ist *Rima*?

Dienstag, 14. Januar

Ging heute wieder in den christlichen Buchladen, um zu sehen, ob sie was Gutes zum Thema Straßenevangelisation haben. Schließlich fragte ich den Mann hinter der Theke. Es muß irgendwo eine Spezialschule geben, wo man Jugendherbergseltern, Fundbürobeamte und Leute ausbildet, die in christlichen Buchläden arbeiten.

Ich sagte: „Haben Sie bitte was über Straßenevangelisation?"

„Straßenevangelisation?" fragte der Buchhändler derart angeekelt und ungläubig, daß ich unfreiwillig einen Schritt zurücktrat und dabei eine lebensgroße Pappfigur von Cliff Richard umriß.

Geriet etwas in Panik und sagte: „Keine Sorge, nur ein Sekündchen und schon habe ich ihn auferweckt." Hob Cliff auf und wandte mich wieder an den Verkäufer, der asthmatisch schnaubte.

„Ja", sagte ich tapfer, „Straßenevangelisation bitte!"

Verließ den Laden mit einem Buch, das wirklich großartig zu sein scheint. Der Buchhändler hat es schließlich leise schimpfend irgendwo in der Abteilung für christliche Gartenpflege aufgestöbert, wo es ein verschreckter Kunde in panikartiger Flucht fallengelassen haben muß.

Es heißt „Prozeduren, Prinzipien, Praktiken und probate Problemlösungen für professionelle Promenaden-Prediger" und stammt von einem Mann namens A. P. Lunchington, der angeblich in seinen Breitengraden unter dem zärtlichen Kosenamen „die Straßenlaterne" bekannt ist, was auf seine unermüdlichen Bemühungen zurückgeht, den finsteren Gassen seiner Heimatstadt geistlich heimzuleuchten. Ich werde es lesen, wenn Richard weg ist.

Richard kam um halb acht mit Charles an. Der arme Junge sah meinem Empfinden nach völlig verstört aus. Ich sagte: „Ich dachte, das Trimester hat diese Woche angefangen, Charles. Ist es dir nicht gut ergangen?"

Charles sagte: „Der Herr hat mir kundgetan, ich solle nicht ins Kolleg zurückkehren. Er möchte, daß ich ihm anderswo diene."

Anne sagte: „Und wohin meinst du, will er, sollst du gehen?"

Charles sagte, er dächte, er sollte so bald wie möglich die Koffer packen und in den Nahen Osten abreisen, weil Gott ihm klargemacht hätte, daß er ihn genau dort haben wollte.

Anne fragte sanft: „Wie hat er dir das klargemacht, Charles?"

Charles beugte sich vor und erkärte mit Feuereifer: „Es ist kaum zu glauben! Aber fast jedesmal, wenn ich die Bibel aufschlage, steht da was über Israel oder die Juden!"

Prustete beinahe los, aber Anne blickte mich scharf an. Richard sah unglücklich aus.

Anne fragte: „Charles, mein Lieber, was stimmt nicht in der Schule?"

Hatte jenes Gefühl, das mich manchmal bei Anne beschleicht, daß ich eine ganze Passage der Konversation verpaßt habe. Er hatte keinerlei Probleme am Kolleg erwähnt!

Nach ein paar Tränen von Charles und ein bißchen gut

Zureden stellte sich heraus, daß sich der arme Kerl im letzten Trimester einsam, unnütz und sündig gefühlt hatte und einfach die Aussicht nicht aushielt, weitere drei Monate Misere vor sich zu haben.

Nach ein wenig Gebet, viel Kuchen und guten Ratschlägen von Anne, sagte Charles, daß er jetzt denkt, er geht doch zurück.

Richard sehr zufrieden. Lächelte sogar! Wie konnte Anne das wissen? Warum hat er nicht mit *seiner* Mutter geredet? Ich scheine manchmal gar nichts zu kapieren.

Zu spät, um abends noch mit dem neuen Buch anzufangen. Lag wieder wach und zermarterte mir wegen Freitag das Hirn. Was soll ich bloß sagen, Gott? Ich weiß absolut *nichts*. Was soll ich bloß sagen? Was soll ich bloß sagen?

Mittwoch, 15. Januar

Setzte mich am Abend mit Lunchingtons Buch hin, in der Hoffnung, mir ein paar gute Tips von ihm zu holen. Was für ein erstaunliches Werk! Ich verstehe nicht, wann dieser Mann Zeit findet, um zu essen oder zu schlafen. Sein Leben ist buchstäblich eine Aneinanderreihung von atemberaubenden Wundern. Wem er auch begegnet und was er auch tut — das alles könnte direkt aus dem Neuen Testament stammen! Besser gesagt: Das Neue Testament wirkt wie ein frühes und eher mißglücktes Vorspiel zu Lunchingtons Leben.

Der Mann weiß nicht, wie es ist, wenn man Zweifel, Depressionen, Versagen oder Mutlosigkeit erlebt. Jeder, dem er begegnet, scheint sich auf der Stelle zu bekehren, und absolut nichts kann diesen Mann runterziehen. Und erst die Straßenevangelisation! Soweit ich sehe, muß Lunchington nur einen Schritt aus der Haustür machen und schon wimmelt es auf einem bis dato gänzlich verwaisten Abschnitt des Bürgersteigs von einer unüberschaubaren Menge von Menschen, die schubsen und drängeln, um nah genug an Lunchington ranzukommen, damit er ihnen bei ihrer Glaubensentscheidung mit Rat und Tat zur Seite steht. Fiel nach der Lektüre des Buches ausgelaugt in den Sessel zurück.

War verwirrt, als ich in meinem Hinterkopf den leisen, aber definitiven Wunsch bemerkte, diesem Lunchington einen gezielten Tritt zu verpassen, am besten zwischen zwei Wundern. Wies diesen unwürdigen Impuls als Anfechtung des Feindes von mir und wählte Leonards Nummer.

Ich sagte: „Hallo, Leonard, ich wollte dir nur sagen, daß ich gerade ein großartiges Buch übers Zeugnisgeben gelesen habe, und ich denke, wir sollten es machen wie dieser Mann und am Freitagabend in der Kraft des Glaubens hinausschreiten, angetan mit der Waffenrüstung des Geistes und in der Gewißheit, daß der Sieg bereits unser ist, bevor wir überhaupt anfangen!"

Thynn sagte: „Ganz deiner Meinung, aber können wir vielleicht vorher bei *George's* reinschauen und uns ein oder zwei kühle Helle genehmigen, nur 'nen Schluck gegen die Muffe oder was?"

Wenn ich einst *meine* geistliche Autobiographie verfasse, wird Thynn nicht darin vorkommen — oder bestenfalls in etwas nachgebesserter Form. Anstatt „ein oder zwei kühle Helle" vorzuschlagen, wird er sagen: „Amen, Bruder! Halleluja!"

Donnerstag, 16. Januar

Habe heute früher mit der Arbeit aufgehört. Machte einen Spaziergang zur Mugley-Siedlung, um Bill und Kitty Dove zu besuchen, unsere Lieblings-Senioren in der Gemeinde. Saßen am Kamin, aßen warme Waffeln und tranken Tee. Bill und Kitty haben beide ein Lächeln, als ob hinter ihrem Gesicht ein Licht angeknipst worden ist.

Kitty sagte: „Ooooh, beeil dich! Deine Waffeln werden gleich kalt!"

Bill sagte: „Trink 'ne schöne Tasse Tee mit uns. Komm ans Feuer und erzähl uns, was der *kleine* Gerald so treibt."

„Hi-hi-hi!" kicherte Kitty. „Der kleine Gerald, hi-hi-hi!"

Erzählte ihnen von Weihnachten und Tante Marjorie und Onkel Ralph und der Band. Sie nickten und strahlten und nickten.

Bill sagte: „Und du? Was treibst du so?"

Erzählte ihnen über unser Zeugnis am Freitag.

Kitty leuchtete mich an. Sie sagte: „Du bist ein wundervoller Mann, daß du den Leuten von unserm lieben Herrn Jesus erzählen willst. Da wird er sich aber freuen!"

Fühlte mich plötzlich weinerlich und windelweich. Ich sagte: „Ganz so ist es nicht. Ich bin überhaupt nicht wundervoll und…"

Bill sagte: „Oh doch, das bist du. Gott liebt dich bis zum Platzen. Er ist absolut verrückt nach dir, also mußt du wundervoll sein. Nimm noch eine Waffel und stell dich nicht so an!"

Verließ die beiden und fühlte mich bestens versorgt.

Guter Hauskreis heute abend, außer als Doreen Cook sagte: „Nur fürs Gebet und unter dem Siegel der Verschwiegenheit, aber habt ihr die Sache mit *Raymond* schon gehört?" Edwin bremste sie mit sanft tadelndem Ton, von wegen Klatsch und Tratsch.

Dieses Paar, die Flushpools, waren wieder da. Sagten kein Sterbenswort, außer als Gerald Mrs. Flushpool eine Tasse Kaffee anbot und sie mit den Worten ablehnte: „Als ich noch *im Fleisch wandelte,* pflegte ich…, aber jetzt nicht mehr!"

Fragte Anne später, warum sie sich so geziert hat, die beiden einzuladen. Sie schüttelte langsam den Kopf und sagte, sie wüßte es selber nicht. Sonderbar…

Wüßte doch zu gern, was Doreen über Raymond erzählen wollte.

Freitag, 17. Januar

Schweißtreibende Stille Zeit. Bat zunächst Gott um ein Zeichen, daß heute abend alles gutgehen würde. Erinnerte mich augenblicklich an die Stelle, wo es heißt: „…ein böses und ehebrecherisches Geschlecht sucht ein Zeichen." Mußte sodann an Johannes den Täufer denken, der im Gefängnis die Zuversicht verloren hatte und Jesus um ein Zeichen bat und fühlte mich wieder in guter Gesellschaft; augenblicklich fiel mir jedoch der ungläubige Thomas ein, und ich hatte wieder Schuldgefühle; dann kam mir Gideons Vlies in den Sinn und ich fühlte mich wieder legitimiert...

Es wäre vielleicht ewig so weitergegangen, aber Anne rief, daß es Zeit ist, zur Arbeit zu gehen.

Gerald hatte für mich ein kleines Silberkreuz dagelassen, das ich tragen sollte, und einen Zettel, auf dem stand, daß *Evangelisieren* ein Anagramm von *Viel Gas rein? Nee!* ist.

Abends zu nervös, um vor dem Feldzug noch zu essen. Suchte eine Weile nach einer Ausgabe der Heiligen Schrift, die auf das Auge Uneingeweihter wie „Die Gewehre von Navarone" wirkt. Fand schließlich ein unaufdringliches Exemplar.

Leonard erschien um sieben mit einer gigantischen, messingbeschlagenen Familienbibel unterm Arm. Er sagte, seine Mutter wollte, daß er die nimmt, weil schon *ihr* seliger Großvater sie dabeigehabt hätte, als er 1906 auf der Straße predigte. Thynn hatte einen grotesken altväterlichen schwarzen Anzug an, der aussah, als hätte er ursprünglich einem Totengräber gehört. Sagte, das sei sein *bestes* Stück.

Bezogen Posten vor der Hamburger-Braterei. Leonard wirkte wie ein gemeingefährlicher Geistesgestörter mit religiösen Wahnvorstellungen, der in Begleitung seines Wärters Ausgang hat. Fühlte mich absolut miserabel und hoffnungslos. Immer, wenn *ich* jemanden ansprach, der die Imbißstube betrat oder rauskam, echote Leonard jedes meiner Worte.

Ich: „Nabend!"

Kunde: „Nabend!"

Leonard: „Nabend!"

Ich: „Ganz schön zugig, was?"

Kunde: (lachend) „Ham se recht!"

Leonard: „Ganz schön zugig, was?"
Kunde: „Wie bitte?"
Leonard: „Ganz schön zugig, was?"
Kunde: (unsicher) „Äääh...ja!" (hastiger Abgang)
oder
Ich: „Entschuldigen Sie mich!"
Kunde: „Ja, was...?"
Leonard: (am Ende der Nerven) „Entschuldigen Sie mich!"
Kunde: „Wie bitte?"
Leonard: „Ääh...entschuldigen Sie uns beide!"
Kunde: (blickt auf Thynns lächerlichen Aufzug samt Bibel)
„Ja, natürlich, ich entschuldige Sie." (hastiger Abgang)

Nicht gerade der dynamischste geistliche Dialog aller Zeiten! Am Ende hatten wir beide Hunger und gingen in den Laden, um uns ein paar Pommes zu leisten. Gerieten unabsichtlich mit einem Mann namens Ted ins Gespräch, der sich entschlossen hatte, hier in der Wärme einen Hamburger zu verdrücken, bevor er nach Hause ging. Nachdem wir eine Weile geredet hatten, hatte Leonard plötzlich die Eingebung, daß das ja jetzt „ES" sein könnte und begann hinter Teds Rücken, stumme, aber eindeutige Mundbewegungen zu mir hin zu machen: „Komm schon, bekehr ihn!" Fühlte mich dadurch komplett blockiert. Brachte es immerhin fertig, Ted stotternd zu fragen, ob er jemals gedacht hat, christliche Werte sollten in unsrer Gesellschaft stärker zur Geltung kommen. Hatten danach eine ganz gute Diskussion, die — wer hätte das gedacht! — damit endete, daß Ted sagte, er hätte nichts dagegen, am nächsten Sonntag mit uns zur Kirche zu kommen!!

Als sich draußen vor dem Laden unsere Wege trennten, sagte Ted: „Übrigens von wegen Werte in der Gesellschaft und so, drum komm ich ja jetzt immer am Freitag und eß hier mein Abendbrot. Da ist so 'ne Bande von Halbstarken, die machen Freitag abends mit ihrer Bumsmusik immer so 'nen ekligen Krach, und das dauert so zwei Stunden. Ist direkt neben mir, in der Unity Hall. Also, das ist mal *wirklich* was, was verboten gehört! Na ja, nichts für ungut, bis Sonntag früh dann also! Nabend allerseits!"

Später, als Leonard (unter Absingung von *Let It Be!* auf den Text: „Wir haben einen, haben einen…") nach Hause gegangen war, versicherte ich mich, daß Gerald nicht in der Nähe war, und erzählte Anne, was Ted über den „ekligen Krach" gesagt hatte.

„Was passiert Sonntag", sagte ich, „wenn Ted merkt, daß die Halbstarkenbande, die ihn jeden Freitag abend aus dem Haus treibt, in unserer Kirche spielt? Und daß einer der Bandenführer *mein Sohn* ist?!"

Anne sagte: „Ich weiß nicht, was passiert, aber ich bin sicher, daß alles gut wird. Denk an Lunchington. Der würde sich wegen so was keine grauen Haare wachsen lassen."

Ha! Lunchington! Ich wage zu behaupten, der hätte die ganzen Fischburger zum Leben erweckt und jedem von ihnen ein Traktat in die Flosse gedrückt.

Sagte am Abend nur *ein* kurzes Gebet: „Gott, bitte bring Ted zu dir. Amen."

Samstag, 18. Januar

Brauchte heute früh fast eine Stunde im Bad, um zwei widerspenstige Haarsträhnen zu zähmen, die — was ich auch versuchte — immer wieder dergestalt hochstanden, daß ich wie der *böse Feind* persönlich aussah. Kaum hatte ich sie in die Knie gezwungen, versetzte sie Gerald abermals hinterrücks in Rebellion, als ich gerade mein Frühstücksei köpfen wollte.

Aufgekratzt ist gar kein Ausdruck! Er sagte: „Morgen ist der Tag, Papa! Edwin hat uns gestern abend gehört und sagt, der Countdown für Sonntag morgen kann anlaufen. Mama, Papa." Er war plötzlich ganz ernst. „Ihr werdet morgen stolz auf mich sein."

Anne sagte: „Da sind wir ganz sicher, mein Lieber!"

Machte meinen Mund auf, aber meine Gedanken kamen sich gegenseitig derart in die Quere, daß ich keinen Ton rausbrachte. Gerald merkte nichts. Er sagte: „Muß gehn, muß gehn! Zeit für die Arbeit! Sind selber schuld, wenn sie so blöd sind und *mich* anstellen!" Er tanzte im Walzerschritt durch die Tür und sang dabei: „Das ist die Schlappe von Woolworth…"

Verschwand, steckte aber schon ein paar Sekunden später den Kopf erneut durch die Tür.

„Übrigens, Papa."

„Ja."

„Dieser Typ, den du gestern abend kennengelernt hast."

„Ja?"

„Vielleicht ist es ja unsre Musik, die ihn an den Punkt bringt, wo er wirklich eine Entscheidung fällt."

„Ja, Gerald", sagte ich, „da könntest du recht haben."

Hmmm…

Sah heute nachmittag unseren zukünftigen Nachbarn flüchtig durchs Flurfenster, als er ins Haus ging — um was auszumessen, nehme ich an. Er wirkt entspannt, zufrieden, raucht eine große gemütliche Pfeife; irgendwie strahlt er so was wie Glück aus.

Unwahrscheinlich, daß er Christ ist, scheint mir. Werden es rauskriegen, sobald er eingezogen ist.

Sonntag, 19. Januar

Gerald schon früh auf und davon, um die Anlage für die Band in der Kirche aufzubauen. Natürlich total aufgeregt.

Kam mit Anne später auch zur Kirche, in der leisen Hoffnung, daß Ted doch nicht aufkreuzt. Saß wie üblich ganz hinten und behielt die Tür im Blick. Sah plötzlich Ted, der ziemlich nervös durch den Eingang schwankte. Spürte eine plötzliche Woge von Stolz. Da drüben stand mein ganz persönlicher potentieller Bekehrter! Mir gehörte er! Und sonst

37

niemand! Mir! Erhob mich in der Absicht, ihn mit ausdrucksstarker, wenn auch stiller Bescheidenheit und Wärme zu grüßen, als Thynn zu meinem Entsetzen durch den ganzen Kirchensaal dröhnte: „Ah, Ted, mein alter Freund! Als wir Sie neulich abends fragten, ob Sie mit uns zur Kirche kommen, waren wir nicht sicher, ob Sie wirklich kommen. Aber jetzt sind Sie da! Hat natürlich nichts mit uns zu tun. Das wissen wir alle. Ha, ha!"

Eine abscheuliche Zurschaustellung für meinen Geschmack — und sehr frustrierend. Konnte doch jetzt schlecht aufstehen und sagen: „Entschuldigt mich bitte, aber ich war auch dabei. In Wirklichkeit habe ich die meiste Zeit geredet."

Immerhin geleitete ihn Leonard zu dem leeren Stuhl, den ich direkt neben mir reserviert hatte. Kurz danach begann der Gottesdienst, den zum Glück Edwin selber leitete. Edwin hat zwar manchmal den Hang, dieselben ausgelutschten Geschichten immer wieder aufzuwärmen, aber dafür hat er nichts dagegen, ob du sitzt oder stehst oder mit den Händen in der Luft wackelst oder tanzt oder nicht tanzt oder pantomimisch Schneewittchen und die sieben Zwerge aufführst oder sonstwas machst, so lange du dich dabei wohlfühlst und keinem anderen in die Quere kommst. Ted schien das Singen und Beten ganz gut zu gefallen. Edwins Verkündigung (fünf vollständig konsumierte Gummibärchen und ein sechstes gerade zwischen den Zähnen) war ein bißchen enttäuschend. Es ging die ganze Zeit um die christliche Familie und wie man besser miteinander zurechtkommt, nicht das knallharte Evangelium, das Ted meiner Meinung nach hätte hören sollen. Blinzelte zur Seite um zu sehen, ob er schon Tränen in den Augen hat. Habe das Gefühl, das ist immer ein vielversprechendes Zeichen. Auch nicht das leiseste Glitzern, soweit ich sehen konnte! Er hörte jedenfalls zu.

Dann kam der Teil, dem ich entgegengezittert hatte. Edwin sagte: „Und jetzt, liebe Freunde, möchte ich, daß ihr eine brandneue christliche Band hört, die ausschließlich aus jungen Leuten unserer Gemeinde besteht. Sie haben für ihren heutigen Auftritt wirklich schwer geackert und wollen jetzt eine ihrer eigenen Kompositionen spielen — *Friede ist nah*. Wie wär's mit einem freundlichen und ermutigenden Willkommensapplaus für *Bad News for the Devil*?!"

Sie *waren* besser, kein Zweifel, aber es handelte sich noch immer um eine solide Geräuschkulisse. Der junge William Farmer trommelte und sang wie jemand, dem man elektrische Leitungen an einem sehr empfindlichen Körperteil installiert hat.

Bemerkte mit einer gewissen Nervosität, daß sich Ted in seinem Stuhl nach vorn beugte, einen verwirrten Gesichtsausdruck annahm und angespannt der Musik lauschte.

Als es aus war, herrschte einige Augenblicke lang betäubtes Schweigen, das von Mrs. Thynn unterbrochen wurde, die fragte: „Wie sagt er, heißen die?"

Leonard sagte: „Schlechte Nachricht für den Teufel, Mutter."

Hoffe um Geralds willen, daß der Beifall, der in diesem Moment einsetzte, Mrs. Thynns Replik übertönte: „Schlechte Nachricht für *jedermann*, wenn du mich fragst." Merkte plötzlich, daß mir Ted auf die Schulter tippte. „Hörn Sie mal", flüsterte er, „die Typen da klingen genauso wie die Typen, die jeden Freitag in der Unity Hall sind."

Räusperte mich: „Also, Ted, ääh also, ich meine, diese Typen *hier* sind diese Typen da, ääh, wenn Sie verstehen, was ich meine. Der eine, der die *Lead Gitarre* spielt, ist sogar mein Sohn — Gerald."

„Wolln Sie damit sagen", fragte Ted, „daß Sie mich gefragt haben, ob ich nicht herkommen will, und dann hab ich das mit den Halbstarken gesagt, und Sie haben mich trotzdem eingeladen?"

Merkte plötzlich, daß Gerald ans Mikrophon getreten war. Puterrotes Gesicht vor Nervosität, überhaupt nicht wie Gerald. Sah ihn plötzlich als kleinen Jungen vor mir.

39

„Wir sind noch ziemlich mies", sagte er, „aber wir werden uns noch steigern, und ich wollte bloß sagen, daß das Lied, das wir gerade gebracht haben, also, das ist einem neuen Freund von meinem Papa gewidmet, der Ted heißt. Er sitzt dort hinten, und wir wollen Ted bloß sagen, daß wir hoffen, daß er, ääh, daß er also auch bald zur Familie gehört."

Konnte aus irgendeinem Grund nicht schlucken. Ted schaute finster vor sich hin und schüttelte langsam den Kopf: „Hab nie 'ne Familie gehabt", sagte er grimmig.

Am Ende des Gottesdienstes meinte Ted: „Möcht mal gern ein Wort mit dem Obermacker reden." Ich stellte ihn Edwin vor. Konnte es mir nicht verkneifen, darauf hinzuweisen, daß *ich* ihn eingeladen habe. Sie verschwanden zusammen in einem Nebenzimmer.

Schwebte nach Hause.

ICH BIN EIN CHRIST, DER ZEUGNIS ABLEGT UND MENSCHEN ZUM HERRN FÜHRT!!!

Wenn es so weitergeht, könnte man mich eines Tages einladen, bei christlichen Konferenzen zu reden!

Montag, 20. Januar

Wachte heute morgen auf und fühlte mich älter, reifer und irgendwie patriarchalischer. Hoffte, Anne und Gerald würden mit etwas mehr Respekt als sonst auf jene Aura stiller Heiligkeit reagieren, die ich um mich spürte. Als ich nach unten kam, sagte Anne: „Die Katze hat hintern Fernseher gekotzt. Machst du das bitte weg, ja!? Ich muß ein paar wichtige Sachen erledigen."

Gerald überreichte mir ein gefaltetes Blatt Papier, bevor er zum College aufbrach. Als ich es öffnete, fand ich darauf die Frage: „Lieber Papa, wußtest du schon, daß *egozentrisch* ein Anagramm ist für *noch zeigt Er's*!?"

Ging zur Arbeit.

Dienstag, 21. Januar

Machte heute nachmittag auf dem Nachhauseweg eine kleine Unterbrechung, um mit einem Mann zu plaudern, der ein paar Häuser weiter die Straße runter im Garten arbeitete. Dachte, ich sollte meine neue Gabe des Zeugnisgebens ausprobieren. Als ich sagte, ich sei Christ, antwortete er: „Schön, wenn das so ist, warum beschneiden Sie dann nicht Ihre beschissene Hecke ein bißchen, damit wir Heiden nicht jedesmal in der Gosse landen, wenn wir an Ihrem Haus vorbeimüssen."

Ging mit hochrotem Kopf weiter. Dieser Kotzbrocken! Soll sich bloß nicht einbilden, er kann *mir* sagen, was ich zu tun und zu lassen habe! Wie es der Zufall will, hatte ich mich gerade *selber* entschlossen, mir heute mal die Hecke vorzunehmen, aber NICHT wegen dem, was *der* gesagt hat. Borgte mir die elektrische Gartenschere von Mr. Brain, unserem ältlichen Nachbarn, der ab und zu in die Kirche kommt, und hatte die Sache in nullkommanichts erledigt.

Erwähnte gegenüber Anne nicht, was der Mann gesagt hatte. Sie quengelt auch schon einige Zeit wegen der Hecke — genauer gesagt, seit letztem Sommer.

Gerald erklärt mir, er will zu Hause sein, wenn morgen die Flushpools kommen. Sagt, er sei neugierig.

Mittwoch, 22. Januar

Im Geschäft Anruf von Kitty Dove. Erzählte, Ted sei gestern bei ihnen zum Tee gewesen und hätte gesagt, er möchte Jesus gern nachfolgen, aber Edwin hätte ihm geraten, die Sache ein paar Wochen lang gründlich zu durchdenken und sich in der Zwischenzeit ab und zu mit den Doves zu treffen.

„Er spricht in höchsten Tönen von dir, mein Lieber", sagte Kitty, „und ich finde, er hat ganz recht!"

Wie kommt es, daß ich immer dann, wenn mir die Doves was Nettes sagen, das dringende Bedürfnis habe, ihnen zu versichern, daß ich nicht so gut bin, wie sie meinen?

„Hat gefragt, ob er uns die nächsten beiden Male Freitag abends besuchen kann", fuhr Kitty fort. „Der Zeitpunkt war ihm ganz besonders wichtig. Sagte, Freitag wäre der beste Abend für ihn, wenn wir nichts dagegen hätten. Ist das nicht wundervoll?"

Grinste in mich rein. „Ja", sagte ich, „das ist wundervoll."

Als abends um sechs das Telefon klingelte, nahm Gerald den Hörer ab. Kam zurück und sah verblüfft aus.

Er sagte: „Das war Mrs. Flushpool. Sie können nicht, sagt sie, weil ihr Mann an einer alten Krankheit laboriert, die ihm *im Fleisch* noch immer zu schaffen macht, und sie würden gern nächsten Donnerstag kommen, so Gott will und sie leben und es paßt. Kannst du zurückrufen, wenn nicht?"

Ist es nicht HERRLICH, wenn etwas, was passieren *sollte*, obwohl du nicht wirklich *wolltest*, daß es passiert, aber dachtest, es *müßte* passieren, weil es so richtig ist, dann *doch* nicht passiert — und du bist nicht schuld?

Verbrachte einen sehr gemütlichen Abend mit Anne und einer Flasche Wein. Gerald futterte seine eigene Portion und die Portionen von Mr. und Mrs. Flushpool auf und ging dann aus. Alles höchst erfreulich.

Ich würde doch *zu gerne* wissen, was Doreen letzte Woche über Raymond erzählen wollte. Nur fürs Gebet natürlich…

Donnerstag, 23. Januar

Muß noch immer an den Mann ein paar Häuser weiter denken. Wünschte, ich hätte die Hecke jetzt *gerade* nicht getrimmt. Nehme an, er lacht sich jedesmal ins Fäustchen, wenn er an unserem Haus vorbeikommt. Er denkt, ich habe die Hecke wegen seiner Szene beschnitten. Pah! Was der sich einbildet! Würde ich nicht sogar ihm gegenüber christliche Vergebungsbereitschaft hegen und guten Willens sein, würde ich mich am liebsten auf seine Brust knien und ihn zwingen, die Heckenschnipsel einzeln zu fressen.

Kein Wunder, daß der heilige Paulus sagt, wir sollten

nicht am selben Joch ziehen wie die Ungläubigen. Er dachte dabei bestimmt an Leute wie diesen Kerl, der von Liebe, Frieden und christlicher Güte keinen Schimmer hat.

Nicht, daß mich das ärgert. Warum auch? Ich spüre einfach, daß mir der Herr sagt, ich sollte mit diesem Menschen keinen Kontakt mehr haben, und daran werde ich mich halten! Ich werde nie mehr daran denken. Kein einziges Mal.

Hauskreis heute woanders. Bin nicht gegangen. Fühlte mich irgendwie angekränkelt und niedergeschlagen. Anne und Gerald kamen in bester Laune und geradezu abartig gesund zurück. Taute ein bißchen auf, als mir Gerald erzählte, Mrs. Thynn hätte heute abend davon berichtet, daß ihre Großmutter einst nicht in der Lage gewesen ist, das Begräbnis ihres eigenen Vaters zu bezahlen. Aber der Herr hätte den Seligen „wundersam unter die Erde gebracht".

Freitag, 24. Januar

Hatte letzte Nacht einen entsetzlichen Alptraum. Wirklich schlimm! Alles spielte in der Kirche. Ich stand ganz vorne hinter einem Barbierstuhl und wußte irgendwie, daß ich soeben alle Gemeindeglieder rasiert hatte, Männer, Frauen und Kinder. Ich war der einzige Anwesende, der unrasiert war. Mein Bart, der aus einem unerfindlichen Grund grün war, reichte mir bis unters Knie!

Plötzlich flog (in meinem Traum) die Hintertür auf und der Mann ein paar Häuser weiter stürmte rein, wies mit anklagendem Zeigefinger auf mich und schrie: „Andre hat er rasiert! Und kann sich selbst nicht rasieren!"

Erwachte schweißgebadet und zitternd. Mußte nach Annes Schulter tasten, um sicher zu sein, daß alles in Ordnung ist.

Blöder, sinnloser Traum.

Bin immer noch mies drauf. Anne wollte mich heute nicht zur Arbeit lassen. Eine leichte Grippe im Anzug, nehm' ich an. Betete erfolglos um Heilung. Warum schreiben Leute wie Lunchington so was nicht auch in ihr Buch?

Anne servierte ein heißes Getränk und meine Lieblingspilz-creme auf Toast, dann schüttelte sie mein Bett auf. Als sie vorläufig damit fertig war, mich zu umsorgen, sagte ich: „Anne, jetzt zeig mir nur einen einzigen Hinweis darauf, daß sich Gott um mich und meine Krankheit kümmert."

Sie sagte: „Er hat für eine Vollzeit-Krankenschwester ge-sorgt, die keine Bezahlung verlangt und dich sehr lieb hat. Reicht das fürs erste?"

In der Absicht, Annes Stimmung mit einem kleinen Scherz aufzuheitern, erwiderte ich: „Großartig! Wann kommt sie?"

Mußte später einen leichten Rückfall vortäuschen, um An-nes Sympathie wiederzuerlangen.

Samstag, 25. Januar

Fühlte mich heute früh ein bißchen besser. Zwei Besucher waren da, als Anne weg war. Richard kam vorbei und sagte, er hätte ein „Bild" gehabt. Warum habe ich nie Bilder? Er fragte sich, ob sein Bild vielleicht mit meiner Krankheit zu-sammenhing.

Er sagte: „Ich sah eine Zielscheibe, und auf der Scheibe war mittels eines Fahrtenmessers eine kleine Qualle aufgespießt, und als ich weiter zusah, wurde mir offenbart, daß der Name der Kreatur Stewart war."

Ich werde nie verstehen, weshalb Richard solche Dinge in Gegenwart von Gerald ausspricht. Gerald nickte ernst und sagte: „Tja, Papa. Das gilt dir. Das ist es. Das ist *die Rache der Qualle*, wie im Horrorfilm. Offensichtlich mußt du irgend-wann in deinem Leben beim Rudern auf eine Qualle namens Stewart getreten sein, und jetzt haben sie eine Möglichkeit gefunden, es dir heimzuzahlen, indem sie dir 'ne Grippe auf den Hals gehetzt haben."

Richard sagte: „Das erklärt aber nicht die Zielscheibe."

Ich sagte: „Ist es nicht Zeit für dich, zur Arbeit zu gehen, Gerald?"

Dankte Richard, daß er mir sein Bild mitgeteilt hat. Sagte,

ich könnte zwar noch keine logisch zwingende Verbindung zu mir herstellen, aber ich würde weiter darüber nachsinnen.

Nächster Besucher war Edwin mit Pfefferminzbonbons, die ich liebe, verbunden mit dem Angebot eines Plauderstündchens. Erzählte ihm gleich von Richards Bild, aber er unterbrach mich und sagte: „Verschon mich mit Einzelheiten. Der gute alte Richard meint es gut, aber seine Fantasie schießt manchmal ein bißchen ins Kraut. Die Sache mit diesen Bildern ist die: Ab und zu hat man eins, das wirklich von Gott kommt. Dann muß man einfach darüber nachdenken und beten, und am Ende muß man selbst seine Schlüsse ziehen."

All das tat ich später. Dauerte gar nicht lang. Qualle! Na klar!

Kurz bevor ich am Nachmittag wieder eindöste, sagte ich zu Anne: „Du kennst doch den Mann ein paar Häuser weiter die Straße runter, der wie eine Qualle aussieht!?"

„Nein", sagte Anne.

„Na ja, er ist etwas dick und — dicklich eben."

„Nein."

„Rosen im Vordergarten."

„Ja doch — dicklich, ja."

„Du weißt nicht, wie er heißt, oder?"

„Nein."

„Du weißt nicht, ob er vielleicht Stewart heißt?"

„Nein."

„Oh."

„Warum?"

„Ach nur so…ist nicht wichtig."

Sonntag, 26. Januar

Geht schon viel besser, habe mich aber entschlossen, heute noch zu Hause zu bleiben, um morgen für die Arbeit wirklich wieder fit zu sein. Gerald ließ mir einige Liedertexte der Band zur Lektüre da, während er mit Anne in der Kirche war. Warf einen Blick auf den Song, den sie letzten Sonntag zum Schluß gebracht haben. „Friede ist nah." Ich kopiere den Wortlaut in mein Tagebuch. Es gibt zwei Verse.

Vers I
Friede ist nah,
Friede ist nah,
Friede ist nah,
Friede ist nah,
Friede ist nah,
Friede ist nah,
Friede ist nah,
Friede ist nah,
Friede ist nah,
Friede ist nah,
Friede ist nah,
Friede ist nah.
Was ist nah?
Friede ist nah.

Vers II
Friede ist da,
Friede ist da,
Friede ist da,
Friede ist da,
Friede ist da,
Friede ist da,
Friede ist da,
Friede ist da,
Friede ist da,
Friede ist da,
Friede ist da,
Friede ist da.
Was ist da?
Friede ist da.
(Verse I und II werden dreimal wiederholt)

Gerald hat gesagt, sie hätten Stunden damit zugebracht, speziell am Text dieses Songs zu feilen! Erscheint mir als eine gewisse Zeitverschwendung. In dem Augenblick, wo es x-beliebigen Vokabeln gelungen ist, sich zwischen William Farmers Mandeln hindurchzuquälen, können sie *alles* bedeuten. Aber Gerald ist mit so einem Feuereifer dabei. Darf ihn nicht entmutigen.

Montag, 27. Januar

Wieder ganz gesund. Ging zur Arbeit. Habe mich entschlossen, in Zukunft allmorgendlich die Straße *aufwärts* zu gehen und den Weg durch den Friedhof zu nehmen. Dauert ein bißchen länger, aber der Frühsport wird mir guttun.

Als ich gerade ging, sagte Anne: „Oh, übrigens, was ist mit ihm?"

Tat, als verstünde ich Bahnhof.

Sie sagte: „Du weißt schon, du hast dich am Samstag nachmittag im Bett mit ihm befaßt. Irgendwas mit Qualle und ob er vielleicht Stewart heißt. Der Mann die Straße runter — mit den Rosen. Was ist mit dem los?"

Panik! Ich sagte: „Ach ja, ich erinnere mich jetzt. Ich — ääh — ich sah ihn neulich im Garten und dachte, ich würde gerne — also ich will ein Gedicht über ihn schreiben. Ist aber noch nicht fertig."

Anne sagte: „Du schreibst ein Gedicht über den Mann die Straße runter?"

„Ja."

„Den Mann, der deiner Meinung nach wie eine Qualle aussieht und möglicherweise Stewart heißt?"

„Ääh — ja. Eine Dings, eine Zielscheibe kommt auch drin vor. Jetzt muß ich aber los, Anne. Ich komm zu spät zur Arbeit."

Ließ eine Anne zurück, die tonlos „Zielscheibe" vor sich hin murmelte. Kaum war ich ein paar Meter gegangen, da rief sie mir von einem Fenster im ersten Stock nach.

„Schatz, das ist nicht der Weg ins Geschäft. Ich weiß, du warst drei Tage nicht da, aber du kannst ihn doch nicht vergessen haben."

Versuchte, ganz beiläufig zu klingen, und rief zurück: „Schon in Ordnung. Ich weiß, ist ein bißchen weiter, wird mir aber guttun."

Anne sagte: „Schatz, der Weg ist *über einen Kilometer* weiter, und du bist sowieso schon zu spät dran. Wovon *redest* du eigentlich?"

Hätte am liebsten laut losgeschrien! Sagte mit fester Stimme: „Anne, ich fühle mich innerlich *geführt*, diesen Weg zu nehmen, und diesen Weg nehmen *werde* ich!"

Zu spät im Dienst. Fühlte mich den ganzen Tag über schuldig und wirr im Kopf. Am Abend völlig ausgepowert, weil ich wieder den langen Weg genommen hatte. Möchte am liebsten jemanden umbringen. Den Mann die Straße runter, um ein frei gewähltes Beispiel zu nennen.

Anne sah mich schon wieder an, als ob ich nicht alle Tassen im Schrank habe.

Kurz nachdem sie heute nacht das Licht ausgeknipst hatte, fragte sie: „Hast du dein Gedicht schon fertig, Schatz?"

Antwortete hirnrissigerweise: „Ja."

Anne sagte: „Wie gut. Mußt du mir morgen früh unbedingt vorlesen."

Wartete, bis sie eingeschlafen war und kroch aus dem Bett, um das elende Ding zu Papier zu bringen! Was soll ich bloß machen, wenn Gerald da ist, wenn ich es vortrage? Er hat doch die ganze Sache mit Richards „Bild" mitgekriegt. Was für ein idiotisches Chaos! Hoffe, Harmagedon ist für heute nacht anberaumt!

Dienstag, 28. Januar

Wachte mit Kopfschmerzen auf.

Beim Frühstück fragte Anne: „Kann ich jetzt dein Gedicht hören?"

Gerald sagte: „Ein Gedicht? Hat Papa ein Gedicht gemacht?"

Sagte das in einem Tonfall, als hätte er gerade von einem Schwein gehört, dem man beigebracht hat, *Schwanensee* zu tanzen. *Der* muß was sagen. „Friede ist nah." Phh!

Ich sagte: „Ja, Gerald, ich habe ein Gedicht verfaßt."

Anne sagte: „Dein Vater ist sehr von einem Mann angetan, der die Straße runter wohnt. Das Gedicht handelt von ihm. Mach schon, Schatz. Lies es uns vor."

In diesem Moment drehte sich Anne einen Augenblick lang zur Seite, so daß ich Gerald flehend ansehen und den Finger auf die Lippen legen konnte. Er wirkte geneigt, zu kooperieren. Las also das Gedicht vor.

Oh, Mann die Straße runter:
Du mit den Rosen.
Zielscheibengleich dein Angesicht.
Wardst du gezeugt von einer Qualle?
Sprich, Schurke, oder stirb!
Selbst, wenn dein Name Stewart nicht sollt' sein:
Wie gerne säh' ich Cassius Clay
Als Punching Ball dich nutzen.
Oder irgend jemand sonst.

Sah nach Beendigung des Vortrags meine Frau und meinen Sohn an und bemerkte einmal mehr, daß sie felsenfest davon überzeugt sind, daß ich einen nicht unerheblichen Dachschaden habe.

Kam heute abend nach Hause (langer Weg) und erfuhr, daß Ted vor einer Weile angerufen hatte. Ob ich wohl zurückrufen sollte? Freute mich ziemlich. Dachte, während ich wählte, darüber nach, daß mich Ted wahrscheinlich für eine Art geistlichen Supermann hält. Albern, aber nicht ganz unnachvollziehbar.

Als ich ihn an der Strippe hatte, sagte er: „Die Sache ist die, hab da 'nen Kumpel in der Arbeit. Ist vielleicht auch interessiert an, na ja, Sie wissen schon, Gott und so. Kitty Dove sagt, ich soll doch mal mit ihm zu Ihnen kommen. Wo er doch sowieso in derselben Straße wohnt wie Sie. Wie steht's?"

Ich fragte: „Wie heißt er?"

„Simmonds", antwortete Ted.

„Nein, nein, ich meine den Vornamen. Heißt er vielleicht Stewart?"

Ted klang verblüfft. „Nee, heißt Norman. Aber hörn Sie! Kann ich morgen abend um sieben mit ihm kommen?"

„Ja, Ted", antwortete ich. „Ja. Bringen Sie ihn doch einfach mit. Bis morgen. Tschüß!"

Vielleicht heißt er Norman, aber irgendwas sagt mir mit an Sicherheit grenzender Gewißheit, daß der Mensch, der morgen abend mit Ted bei mir aufkreuzen wird, eben der ist, der mir empfohlen hat, meine be...ne Hecke zu stutzen.

Mittwoch, 29. Januar

8 Uhr früh.

Erwachte in tiefer Verzweiflung.

Ein Autounfall mit *beinahe* tödlichem Ausgang wäre mir heute am liebsten. Möchte zwar nicht wirklich sterben, sondern nur schwer — und schmerzfrei — verletzt sein, jedenfalls so, daß es reicht, um mich von diesem grotesken Fiebertraum über Heckentrimmerei und Zielscheiben und lange Umwege zur Arbeit und über den Mann die Straße runter abzulenken, der sich zu allem Überfluß für Gott interessiert.

Wünsch mir, die Zeugen Jehovas wären *vor* mir dagewesen. Nein, wünsch ich natürlich nicht. Wünsch ich doch. Wünsch ich nicht. Verflixt und zugenäht!

Dies ist womöglich mein letzter Tagebucheintrag. Ich mache mich nunmehr auf den Weg zur Arbeit, und ich bin ein verzweifelter, gefährdeter Mann. Vielleicht komme ich *niemals* zurück!

18 Uhr.

Zu Hause wie üblich. Ein bißchen aufgemuntert durch einen Anruf von Bill Dove während der Arbeit.

Er sagte: „Hallo, Kumpel! Hast du Zeit für ein paar Sätze mit einem alten Sünder?"

„Ja, Bill", sagte ich düster, „wenn du Zeit hast für ein paar Sätze mit einem Idioten in der *Midlife-Krise*."

Bill kicherte. „Ich weiß, ich weiß", sagte er. „Du hast dir da 'ne ganz schön dicke Suppe eingebrockt."

„Woher weißt *du* denn, Bill…?"

Noch ein Kicherer. „Weiß ich eben, nicht wahr? Also hör mal zu! Es ist alles Teil des großen Plans — verstanden? Es ist *alles* geplant."

„Geplant?"

„Na klar! Ich will nur, daß du mich heute spät am Abend anrufst und entweder sagst: ‚Bill, du bist ein alberner alter Narr, und ich werde nie wieder auf dich hören' oder: ‚Hallo, Bill, Gott sitzt am Hebel!' Verstanden? Gut! Bis später."

Mitternacht: Ted und der Mensch Simmonds erschienen um Punkt sieben. Zuerst saßen wir alle verklemmt im Wohnzimmer rum und warteten, daß jemand was sagt. Alle schienen *mich* anzustarren.

Ich spürte, wie eine Art irres Lachen in mir hochblubberte, als plötzlich die Türglocke klingelte und die Spannung zerriß. Anne ging raus und kam ein oder zwei Sekunden später mit unserem neuen pfeiferauchenden Nachbarn zurück, der uns alle anlächelte, als ob nichts wäre, und sich als Frank Braddock vorstellte.

„Bin heute eingezogen", verkündigte er locker. „Dachte mir, ich geh mal auf einen Sprung rüber und begrüße meine neuen Nachbarn. Stört es jemand, wenn ich rauche?"

Sah mich plötzlich durchdringend an.

„Also, Ihr Name ist…?"

„Adrian", sagte ich ziemlich schwach. „Das ist mein Name."

„Aha! Adrian heißen Sie? Gut!"

51

Er deutete mit dem Pfeifenhals auf mich. „Wissen Sie…“, lächelte er breit, „Sie sind der einzige Mensch, den ich jemals gesehen habe, wie er im Halbdämmer und noch dazu mitten im Winter seine Hecke stutzt, als ob sein Leben davon abhängt. Ich sagte mir damals: Wenn ich eingezogen bin, werde ich diesen Mann fragen, *weshalb* er das macht. Also — warum?“

Braddock ließ sich in einen Sessel fallen und begann in aller Seelenruhe, seine Pfeife zu stopfen.

Habe mich noch nie im Leben in so einer peinlichen Lage gefühlt.

Musterte den Teppich, um mein rotglühendes Gesicht zu verbergen. Dachte daran, wie sich Simmonds jetzt wohl an mir weidet. Sagte mir aber plötzlich: Was soll's!? Ich erzähl einfach, wie es war, sie können sich meinetwegen totlachen, und dann sollen sie machen, was sie wollen. Sah wieder hoch, um mit meiner Rede zu beginnen, da bemerkte ich zu meiner Überraschung, daß das Gesicht Simmonds, der eine Glatze mit Haarkranz hat, ebenfalls ein einziger knallroter Fleck war.

„Eigentlich“, stotterte er, „hatte ich gehofft, daß das heute abend nicht auf den Tisch kommt…“

„Was in aller Welt meinen Sie?“ fragte Anne.

„Nun“, räusperte sich Simmonds, „wissen Sie, ich hatte an dem Tag 'nen wahnsinnigen Krach mit der Frau, und als Sie ankamen“ — er zeigte auf mich — „und angefangen haben zu reden, daß Sie Christ sind und so, da — also — da bin ich eben in die Luft gegangen und hab Ihnen alles an den Kopf geschmissen, was eigentlich die Frau abkriegen sollte. Das erste, was mir eingefallen ist, war Ihre Hecke, weil ich da jeden Tag vorbeigeh, wenn ich auf Arbeit muß. Und die stand schon 'n bißchen über, aber nicht viel. Aber dann…“

Er beugte sich nach vorn und wirkte sehr aufgeregt.

„Statt mir das Maul zu stopfen, wie ich's verdient hätte, sind Sie einfach gegangen und haben angefangen, die Hecke zu schneiden. Und ich dachte, das war — also, ich dachte mir, Sie müssen ziemlich — ääh — ich weiß nicht — ziemlich *anders* sein."

Die rote Farbe in seinem Gesicht intensivierte sich nochmals um ein paar Nuancen.

„Jedenfalls hab ich danach die Nerven verloren. Sie werden's kaum glauben, aber ich hab sogar den andern Weg zur Arbeit genommen, bloß damit ich nicht an Ihrem Haus vorbeikomme und Sie womöglich sehe." Er lachte kläglich. „So ein Typ von Idiot bin ich, fürcht' ich."

Annes Blick traf meinen; ich sah schleunigst wieder weg.

„Und dann", faßte Norman zusammen, „erzählt mir mein Kumpel Ted hier, daß er sich dafür interessiert, was in der Kirche drüben los ist, und ich wollte auch rausfinden, wie's da so ist, und da hat er den Vorschlag gemacht, heut abend herzukommen. Also... als ich gesehen hab, welches Haus das ist, als wir direkt davorstanden, hätt' ich fast wieder die Fliege gemacht! Aber dann mußte ich dran denken, wie Sie gegangen sind und die Hecke geschnitten haben, und da dachte ich, jetzt soll passieren was will. Und da bin ich."

Er lehnte sich zurück und war sichtlich erleichtert, daß er alles von der Seele hatte. Ich sah mich um. Ted starrte mich an, als ob ich der Franz von Assisi des 20. Jahrhunderts wäre. Anne sah wie jemand aus, der endlich ein kompliziertes Puzzlespiel vollendet hat. Geralds Gesicht war in den Händen versteckt, aber seine Schultern vibrierten deutlich wahrnehmbar. Was Frank Braddock betrifft, so beugte der sich vor — die Ellbogen auf die Knie gestützt und die Pfeife zwischen die Zähne geklemmt — und schaute mir mit einer Art erwartungsvollem Lächeln und glasklarem Blick mitten ins Gesicht.

Ich sagte: „Norman, Sie irren sich völlig über mich. Ich hab die Hecke aus lauter Verlegenheit gestutzt, und ich hätte Ihnen mit den Schnipseln am liebsten das Maul gestopft, um Ihnen heimzuzahlen, daß Sie mich so angemacht haben und ich mir so blöd vorgekommen bin. Und... (jetzt kam ein schwieriger Punkt)... ich habe *auch* einen Umweg zur Arbeit gemacht und Anne erzählt, ich fühle mich innerlich *geführt*, diesen Weg zu nehmen, und — und, ach Gott...!"

Der Rest löste sich in Heiterkeit auf. Wir lachten und erzählten. Braddock blieb nicht mehr lang. Brachte ihn zur Tür. Kurz bevor ich die Tür hinter ihm zumachte, sagte ich: „Frank — darf ich Sie was fragen? Sind *Sie* Christ?"

Er hob eine seiner buschigen Augenbrauen: „Raten Sie mal!"

Wußte nicht, was ich sagen sollte. Was für eine peinliche Frage! Weiß noch immer nicht die Antwort. Als ich nichts mehr sagte, klopfte er mir auf die Schulter, schlenderte den Gartenweg hinunter und rief im Gehen: „Gute Nacht, Kamerad!" Seltsamer Mensch!

Nachdem alle weg waren, nahm mich Anne erst einmal in den Arm und machte mir dann eine Tasse Tee. „Schatz", sagte sie, „warum machst du alles so kompliziert?"

Gerald sagte: „Laß doch, Mama! Papa wär' nicht Papa, wenn er die Sachen nicht verkomplizieren würde."

Wollte gerade Anne folgen, die nach oben zu Bett ging, da fiel mir Bill Dove ein. Rief ihn sofort an. Ich sagte: „Bill, du bist ein alberner alter Narr, und ich werde nie wieder auf dich hören."

Er kicherte: „Also alles gutgegangen?"

„Ja, Bill", sagte ich, „Gott sitzt am Hebel!"

Donnerstag, 30. Januar

Ging heute früh auf *kürzestem* Weg zur Arbeit.

Fühlte mich plötzlich bedrückt angesichts der Aussicht, daß die Flushpools für abends angesagt waren. Wäre so schön gewesen, wenigstens *einmal* eine entspannte und konfliktfreie Atmosphäre zu genießen.

Aber Christsein bedeutet ja wohl mitgefangen — mitgehangen, oder?

Fand zu Hause eine müde und abgespannte Anne, die den ganzen Tag geputzt und gebacken und gekocht hatte.

Flushpools erschienen gegen halb acht. Wir nahmen sofort im Eßzimmer Platz. Mrs. Flushpool, die wie eine Ansammlung schwarzer Plastiktüten aussieht, die halb voll Wasser sind, musterte die Umgebung und sagte:

„Liebe Anne, es ist ja so ein Problem, ein Zimmer dieser Größe *wirklich* sauber zu halten. Wie sehr bedürfen wir doch der Gegenwart des Mächtigen, selbst inmitten unserer intimsten fraulichen Pflichten."

Mr. Flushpool, der bemerkenswerte Ähnlichkeit mit einer abgemagerten und eingeschüchterten Kirchenmaus hat, sagte mit sonorer Grabesstimme: „Amen dazu!"

Von diesem Zeitpunkt an gab Anne kaum noch einen Ton von sich. Mrs. Flushpool beschrieb ausgiebig, wie sie sich von allen fleischlichen Werken und Gelüsten abgewandt habe, seit sie im Blut gewaschen sei, und wie sie nunmehr in der Lage sei, alles hinter sich zu lassen, was sie zu tun pflegte, als sie noch *im Fleisch wandelte*, wie sie sich auszudrücken beliebte. Alles, was sie sagte, wirkte auf mich modrig und bedrückend. Sie und ihr Mann lehnen beispielsweise Wein ab und meinen, Christen sollten sich schämen, so etwas überhaupt im Hause zu haben, weil es zu *Exzessen des Fleisches* führt. An diesem Punkt ließ Mr. Flushpool ein weiteres sonores „Amen dazu!" vernehmen. Auch der Genuß von Kaffee wurde von den beiden nur unter stirnrunzelnden Vorbehalten akzeptiert, weil er geeignet sei, einen in ungeziemender Weise *fleischlich zu stimulieren*.

Gerald fragte Mrs. Flushpool ohne mit der Wimper zu zucken, ob sie denn *im Fleisch* schwimmen ginge. Sie wies mit Nachdruck darauf hin, daß sie alles täte, damit ihre leibliche Hülle in keinem Manne das Fieber der *Fleischeslust* errege.

Mr. Flushpool machte seinen Mund sehr weit auf, um zu sagen: „Amen dazu!", besann sich aber rechtzeitig und machte ihn wieder zu.

Mrs. Flushpool redete ununterbrochen weiter und kam alsbald mit glühendem Blick auf die Gefahren des Okkulten zu reden, wobei sie so in Rage geriet, daß ihr Schaum vor den Mund trat und sie eine rote Serviette benutzen mußte.

Ziemlich froh, als sie gegen zehn aufbrachen. Im Gehen sagte Mrs. Flushpool: „Vielen herzlichen Dank für das Abendbrot, *liebe* Anne. Sie müssen bald einmal zu uns kommen und bei uns etwas *Anständiges* essen!"

Durch die geschlossene Tür hindurch hörten wir ein letztes „Amen dazu!", während Mr. Flushpool seinem nächtlichen Schicksal entgegenmarschierte.

Ich sagte zu Anne: „Na, was denkst du?"

Habe Anne selten so grimmig gesehen. Sie sagte: „Die beiden haben gewisse Qualitäten eines Brechmittels. Ich *wandle* jetzt ins Bett — *im Fleisch!* Kommst du?"

„Ja", sagte ich. „Amen dazu!"

Freitag, 31. Januar

Machte am Abend wieder mal einen Abstecher zur *Unity Hall*, um B.N.F.T.D. zu hören. Gerald erzählt mir, daß Elsie (Flöte) und William (Vokalhysterie) unsterblich ineinander verliebt sind. Scheint William aber nicht zu bremsen. Wenn er singt, entfliehen die Worte noch immer seiner Kehle wie die Ratten dem sinkenden Schiff. Im Anschluß erzählte er mir, er sei bereit, gehorsam zu sein, falls ihn der Herr so führt, daß er ein internationaler Rockstar wird, selbst wenn das bedeuten würde, die ganze Welt zu bereisen, in teuren Hotels abzusteigen und Unmengen von Geld zu verdienen. Das einzige Hindernis im Augenblick sei sein Vater, der will, daß er im familieneigenen Obst- und Gemüseladen in der High Street mitarbeitet.

Er sagte, wenn er den Rest seines Lebens damit verbringen soll, übergewichtigen Damen fortgeschritteneren Alters Bananen und Rüben anzudrehen, könnte er sich auch gleich die Kugel geben.

Die junge Elsie, die seinen Worten lauschte, errötete in mitfühlendem Ekel und erklärte, sie würde bis zum „bitteren Ende" zu William stehen. Außerdem würden sie beide sich sowieso berufen fühlen, *Bad News for the Devil* zu einer der bedeutendsten christlichen Rockbands aller Zeiten zu machen.

Fühlte mich ziemlich geschmeichelt, weil sie mich derart ins Vertrauen zogen, bis Gerald auf dem Nachhauseweg sagte: „Tut mir leid, daß du das alles über dich ergehen lassen mußtest, Papa. Sie erzählen diesen Quatsch jedem, der so blöd ist und sich das anhört. Die beiden sind einfach absolut verrückt aufeinander."

Revanchierte mich später, als ich nach zeitraubender Gehirnakrobatik endlich soweit war, beiläufig auf das überfüllte Abwaschbecken zu deuten, meinem Sohn eine Flasche Spülmittel und eine Spülbürste in die Hand zu drücken und zu sagen: „Wußtest du übrigens, daß *Mister Gerald Plass* ein Anagramm für *Pril regelt das Mass* ist?" Gerald warf mir einmal mehr seinen „Schwein-tanzt-Schwanensee"-Blick zu. Glaube aber, er war insgeheim ziemlich beeindruckt.

Anne meint, wir sollten morgen eine ihrer Großtanten, Tante Felicitas, besuchen, die früher mit einem Seemann verheiratet war. Muß wohl hin. Irgendwie fühle ich mich immer ziemlich deprimiert, wenn ich eine Begegnung mit dieser ältlichen Anverwandten hatte. Wahrscheinlich wird's ja gar nicht so schlimm. Aus gut unterrichteten Kreisen verlautet, sie sei in letzter Zeit ziemlich senil geworden.

Samstag, 1. Februar

Heute morgen ab im Auto, um Tante Felicitas im *Acht-Glocken-Heim für maritime Hinterbliebene* zu besuchen. Anne ging zunächst allein ins Zimmer, um ihrer Vorfahrin in aller Ruhe zu erklären, daß wir auf Besuch kommen, während ich noch vor der offenen Tür wartete.

Anne sagte: „Hallo, Tantchen, ich bin deine Nichte Anne.

Ich will dich besuchen. Adrian ist auch da — draußen vor der Tür."

„Kanner doch nich!" zeterte Tante Felicitas schrill. „Is doch dood, Goddseidank!"

„Aber Tantchen", sagte Anne, „du weißt selber, daß du das nicht so meinst. Guck doch, da ist er ja schon und will dich besuchen."

Tante Felicitas richtete sich ein wenig auf und inspizierte mich mit ihren winzigen schwarzen Knopfaugen von Kopf bis Fuß, während ich das Zimmer betrat. Dann ließ sie sich wieder ins Kissen fallen und kreischte triumphierend: „Was habbich gesaacht? Nu sieh doch selbst! Saachde dir doch, dasser dood is!"

Fühlte mich ein bißchen abgewertet. Beugte mich zu ihr hinüber und sagte mit lauter Stimme: „Tantchen, ich bin's! Adrian! Bin springlebendig!"

Sie starrte mich einen Augenblick an, um dann völlig leidenschaftslos zu sagen: „Du solldesd ihn man kremier'n lassn, Anne lütte, bevor er zu s-tinken anfängt."

Gab auf und hüllte mich für den Rest der Besuchszeit in Schweigen. Irgendwie hat es schon etwas Bedrückendes, wenn du dich im selben Zimmer mit jemand befindest, der felsenfest behauptet, daß du bereits in den Zustand der Verwesung übergegangen bist.

Sonntag, 2. Februar

Lag letzte Nacht eine Zeitlang wach und dachte darüber nach, wie es wohl ist, wenn ich mal so alt werde wie Tante Felicitas und dann womöglich mutterseelenallein in einem Pflegeheim sterbe. Hätte am liebsten auf der Stelle Anne und Gerald aufgeweckt und mit ihnen eine Runde Monopoly gespielt oder sonstwas gemacht — wir alle gemütlich zusammen. Hier so mitten in der Nacht hätte ich — ohne mit der Wimper zu zucken — meine Aussicht auf eine glorreiche Auferstehung aufgegeben, wenn wir nur alle für immer zusammen bleiben könnten wie jetzt. Ich will nicht sterben!

Wenn ich gewußt hätte, daß George Farmer heute früh den Gottesdienst leitet, wäre ich erst gar nicht gegangen. Es fing damit an, daß er der Gemeinde mit lauter 36-Visionen-vor-dem-Frühstück-Stimme dies und das zubrüllte:

G.F.: Guten Morgen!

Gmd. (schwach): Morgen…

G.F. (unzufrieden): Ich sagte GUTEN MORGEN!!

Gmd. (quetscht ein bißchen mehr Volumen durch die müden Mandeln): Guten Morgen!

G.F.: Sind wir fröhlich?

Gmd. (gepreßt blökend wie eine magenschwache Hammelherde): Ja-a-a-a

G.F.: Aber wir *klingen* nicht sehr fröhlich! Ich frage euch nochmals! SIND WIR FRÖHLICH?

Gmd. (verschreckt und mittlerweile im Glauben, Mangel an Lautstärke sei Sünde): J-A-A-A-A!

G.F.: Das klingt schon eher danach! Und freuen wir uns, daß wir heute morgen im Hause Gottes sein dürfen?

Gmd. (die mittlerweilen die Spielregeln beherrscht): J-A-A-A-A!

G.F. (formt seine Hand spielerisch zu einer Muschel und legt sie um sein Ohr): Und wohin hoffen wir alle eines Tages zu kommen?

Gmd. minus 1: H-I-M-M-E-L!!

Thynn: T-E-N-E-R-I-F-F-A!!

(Pause — alle starren auf Thynn)

Thynn: 'schuldigung — H-I-M-M-E-L!!

Zur Belohnung überreichte ich Leonard mein vorletztes Gummibärchen. Niemand hat größere Liebe denn die…

Kurz bevor sich Anne heute abend ins Bett zurückzog, sagte ich: „Diese ganze Sache mit dem Tod und daß man in den Himmel kommt und alles das, du weißt schon…"

„Ja", sagte Anne und gähnte laut.

„Also — ich bin da total verwirrt."

Anne lächelte müde. „Eins muß man dir lassen, Schatz. Du bleibst dir treu."

Sollte das ein Kompliment sein? Ich sitze jetzt schon eine halbe Stunde hier, seit Anne ins Bett gegangen ist.

Es ist doch gut, wenn man sich treu ist — oder? Wirklich?

Montag, 3. Februar

Ich will nicht sterben.

Gerald lud heute abend Vernon Rawlings und William Farmer zu uns ein. Die sind jung. Die *denken* nicht mal ans Sterben. William Farmer denkt bloß an seine Band und daran, wie schlecht er mit seinem Vater zurechtkommt. Letzten Sonntag überließ ihm George offenbar eine halbe Stunde lang die Verantwortung für den Laden und gab ihm die ausdrückliche Anweisung, ein großes Schild zu malen, das draußen vor der Tür über Obst und Gemüse hängen sollte. Leider wurde William durch den Anblick Elsies, die Wassermelonen auspackte, derart abgelenkt, daß er ein entscheidendes Wort vergaß. Als George zurückkam, fand er einen Auflauf von Menschen vor dem Geschäft, die das Obst aus den Kisten holten und kräftig befingerten. Als George sie fragte, was in der Welt sie da machen, nickte ein kleines dickes Mädchen (in einer Hand eine Pflaume, in der anderen einen Pfirsich) in Richtung jenes Schildes, das William an die Fensterscheibe geklebt hatte, und sagte: „Stimmt schon — seh'n Sie doch selber!"

Das Schild lautete: BITTE DIE FRÜCHTE BETASTEN!

William sagte, als sein Vater mit wildem Blick ins Hinterzimmer gestürmt ist, wo er und Elsie gerade damit beschäftigt waren, sich gegenseitig die Zahnplomben zu zählen, und geschrien hat: „Da ist kein Nicht drin. Mit keinem Nicht drin heißt es: Macht's doch! Warum zur Hölle hast du kein Nicht reingemacht?" — da hätte er gedacht, nun sei sein Erzeuger vollständig übergeschnappt. Es half auch nichts, daß Elsie, die ein sehr temperamentvolles — um nicht zu sagen unverfrorenes — Geschöpf ist, die Hände in die Hüften stemmte, George frontal musterte und sagte: „Jetzt haben Sie eine großartige Gelegenheit zu *beweisen*, daß Sie Christ sind, Mr. Farmer!"

Armer alter George. Ich glaube nicht, daß ich mich sonderlich christlich gefühlt hätte, nachdem gerade jemand mein ganzes Obst zerquetscht hat. Aber Sonntag früh war es ihm ja bekanntlich schon wieder gut gegangen. *Er* scheint sich darauf zu freuen, zu sterben und in den Himmel zu kommen. Ich rief am Abend Richard Cook an und fragte ihn, worauf *er* sich im Zusammenhang mit dem Himmel am meisten freut. Er schaltete seine Stimme unter Räuspern auf den religiösen Gang um und sagte: „Ich freue mich darauf, daß ich den Herrn in alle Ewigkeit anbeten und lobpreisen kann. Welch größere Freude kann es geben als die?"

Gut, dem pflichte ich natürlich bei. Ich meine — doch, absolut…

Dienstag, 4. Februar

Hänge wegen der Sache mit dem Tod noch immer rum. Laufe durch die Gegend, guck mir die Leute und die Sachen an, an denen ich hänge, und versuche mir vorzustellen, daß ich das alles einst gegen etwas eintauschen muß, was in groben Zügen unseren Sonntagsgottesdiensten ähnelt — nur daß es *ewig* dauert und nicht nach anderthalb Stunden zu Ende ist! Gerald versuchte mich aufzuheitern, indem er mir verriet, man könne das Wort „Relief-Pfeiler" vorwärts *und* rückwärts lesen.

Fast hätte ich ein müdes Lächeln zuwege gebracht.

Mittwoch, 5. Februar

Bin ich überhaupt Christ? Will nicht sterben!

Will nicht in den Himmel. Will erst recht nicht in die Hölle. Fragte abends Anne, ob sie meint, daß es mir im Himmel gefallen würde. Sie sagte: „Bloß, wenn sie dir eine eigene kleine Ecke zuweisen, wo du rumhängen kannst und jammern."

Reizend! Wann hab' ich *jemals* gejammert?

Donnerstag, 6. Februar

Frank Braddock schaute nach dem Hauskreis kurz rüber. Stand plötzlich einfach vor der Tür, kam rein und ging ohne Umschweife ins Wohnzimmer, wo er sich in den Lehnstuhl fallen ließ. Weiß immer noch nicht, ob er Christ ist, trotz dem, was gleich danach passierte. Es klingelte, und Anne kam ein paar Sekunden später mit Mrs. Flushpool ins Zimmer, die sagte, sie hätte nach der Heimkehr vom Hauskreis entdeckt, daß sie einen „intimen persönlichen Artikel" verloren hätte. Da sie nicht sicher war, wie lange es dauern würde, bis Anne wieder einmal aufräumt, und weil sie niemandem eine Versuchung in den Weg legen wollte, hätte sie gedacht, sie käme einfach noch einmal zurück, um zu sehen, ob das *corpus delicti* hinter ein Polster gerutscht ist. Nachdem keine Spur jenes unaussprechlichen Objekts zu finden war, wandte sie ihre Aufmerksamkeit Frank Braddock zu, der zufrieden in einer kleinen Wolke von süßriechendem Tabak saß. Ich stellte ihn vor.

„Nun, Mr. Braddock", sagte sie, wobei sie mißbilligend die Lippen kräuselte, „gehören Sie zu den Erwählten?"

Braddock starrte sie einen Moment lang an, dann erhob er sich langsam und redete fortan mit todernster Miene und eindrucksvoller Würde.

„Gnädige Frau", sagte er, „ich bin Mitglied des M.K.K."

„Und was, wenn ich bitten darf, verbirgt sich hinter diesem Kürzel?"

Braddock antwortete mit tiefer Ehrfurcht: „Der Marylebone Kricket Klub, gnädige Frau!"

Sie geriet für einen Augenblick aus dem Konzept, sammelte aber rasch wieder die Kräfte, gab den schwarzen Plastiktüten einen Tritt und ging abermals zum Angriff über.

„Und darf ich fragen, Mr. Braddock, inwiefern Ihnen die Mitgliedschaft in diesem ominösen Klub von Nutzen sein wird, wenn Sie dermaleinst vor dem höchstrichterlichen Stuhl stehen, wo die Dinge des Fleisches bar jeglicher Bedeutung sind?"

Braddock blickte sie unerschüttert an.

„Meine M.K.K.-Mitgliedskarte, gnädige Frau, garantiert mir immer und zu allen Zeiten den Zugang zu jedem *Herrenmahl.*"

Mrs. Flushpool strengte sich ungeheuer an, um eine Replik zu formulieren, aber es war klar, daß sie besiegt war, und dabei hatte sie die Pfeife noch nicht einmal *aufs Tapet gebracht!* Sie murmelte irgend etwas Belangloses und verschwand. Anne fiel sich vor Vergnügen selbst um den Hals, und Frank saß wieder im Lehnstuhl und schmauchte zufrieden sein Pfeifchen.

Als Frank später ging, sagte ich: „Sie haben es mir immer noch nicht gesagt. *Sind* Sie Christ?"

„Raten Sie!" sagte er, genauso wie letztes Mal.

Später fragte ich Anne, ob *sie* denkt, daß er Christ ist. Sie brach in hilfloses Gelächter aus. „Du bist vielleicht ein Komiker", sagte sie. „Ist doch ganz klar!"

Freitag, 7. Februar

Ich will nicht sterben, trotz des aufmunternden Abends, den ich soeben genossen habe.

Elsie Burlesford rief mich an, als ich abends nach Hause kam. Sie sagte, ich sei letzte Woche so verständnisvoll gewesen, und da dachte sie, ich wäre vielleicht bereit, mit Williams Vater über die grausame Behandlung seines einzigen Sohnes zu reden. Erinnerte Elsie daran, daß William zwei Brüder hat. „Na gut, dann eben *eines* seiner einzigen Söhne", sagte sie.

Freute mich, ehrlich gesagt, daß man bei der Suche nach einem Mittler an mich gedacht hatte. Sagte, ich würde mein

Bestes tun. Sie sagte danke und ich sollte doch bitte William nicht verraten, daß sie angerufen hat, da er doch so unabhängig und tapfer ist und keine fremde Hilfe in Anspruch nehmen will.

Fünf Minuten später rief William an und fragte, ob ich nicht ein gutes Wort bei seinem Vater einlegen könnte wegen dem Bandtreffen heut abend. Offensichtlich hatte George am Samstag als Teil der Strafexpedition gegen seinen Sprößling auch ein zweiwöchiges Verbot über William verhängt, zur B.N.F.T.D.-Probe zu gehen. Ob ich ihn wohl umstimmen könnte, und könnte ich vielleicht versprechen, Elsie nichts von diesem Telefonat zu erzählen, wo sie doch so sensibel ist und keine Aufregung verträgt? Sagte, ich will's versuchen. Fühlte mich ein bißchen wie Henry Kissinger.

Zehn Minuten später stürzte Gerald ins Zimmer und fragte, ob ich wohl versuchen könnte, Williams Vater zu bewegen, seinen Sohn heut abend zur Probe zu lassen. Gerald wartete gar nicht erst auf meine Antwort. Sagte bloß: „Danke, Paps!" — und schon war er verschwunden. Sekunden später war er wieder da und bat mich, ich sollte doch bitte William und Elsie nicht erzählen, daß er mich angesprochen hat, weil er nicht wollte, daß die beiden denken, daß sich jemand in ihre Sachen einmischt. Rauschte abermals ab und rief dabei: „Tschüß, Alter! Bist ein echter Kumpel! Bis später!"

In dem Augenblick, als die Tür zuschlug, klingelte erneut das Telefon. Es war Anne. Sie hatte auf dem Weg zum Einkaufen eine kurze Pause eingelegt, um mich anzurufen. Kurz zuvor war sie beinahe von Elsie Burlesford umgerannt worden und hatte erfahren, in welch mißlicher Lage William war. „Das arme kleine Ding ist wegen all dem fix und fertig", sagte Anne. „George mag dich. Kannst du nicht bei ihm anrufen und ein Gespräch unter vier Augen vereinbaren? Und sag bitte Elsie nicht, daß ich das gesagt habe. Das Ganze war streng vertraulich. Du kennst ja Elsie. Bis später, Schatz. Ciao — hab' dich lieb!"

Fühlte mich ein bißchen benebelt, als ich den Hörer auflegte. Fühlte mich *noch* benebelter, als das Telefon ein weiteres Mal bimmelte. Diesmal war es Edwin, Elsies Vater. Er sagte, Elsie hätte soeben die Ansicht geäußert, George Farmer benötigte dringend gezieltes Gebet um Befreiung vom Geist der Intoleranz und der Aggressivität, und sie hätte ihn aufgefordert, in seiner Doppeleigenschaft als ihr Vater *und* als Gemeindeältester unverzüglich die entsprechenden Schritte einzuleiten.

„Die Sache ist die", sagte Edwin, „du weißt ja selber, wie der alte George ist. Hat nichts mit einem Geist von irgendwas zu tun. Ist bloß sehr aufbrausend, und ab und zu kocht er über. Schließlich war der gute William ja wirklich ein *bißchen* nachlässig. Sei es wie, es sei, was ich sagen wollte, war: George hält große Stücke auf dich, könntest du nicht mit ihm reden — ihn ein bißchen abkühlen? Elsie platzt, wenn nicht bald was passiert. Es dauert nicht mehr lange, und sie kreuzt mit einem zugespitzten Holzpflock und einem Bund Knoblauch bei Farmer auf. Ach ja, und — wenn's dir nichts ausmacht — behalt' den Anruf für dich. Elsie wollte nicht, daß irgendwer außer mir erfährt, wie's ihr geht. Ist das in Ordnung?"

„Schon, aber…"

„Prima! Also bis Sonntag, alles Gute!"

Als ich den Hörer abermals auf die Gabel legte, war mein einziger verbleibender Trost, daß es nun niemanden mehr gab, der noch anrufen konnte. Machte den Fehler und ließ mir ein Bad ein. Sagte gerade „Aaaah!" und ließ mich in die heißen Fluten gleiten, da klingelte das dämliche Ding *schon wieder*! Schlang mir ein Handtuch um die Hüften und ging runter, fest entschlossen, kurzen Prozeß zu machen — welches Mitglied von Elsie Burlesfords Fanklub auch immer mir diesmal auf den Wecker gehen würde. „Sensibel", daß ich nicht kichere! Nach dem, was ich bisher von Elsie mitgekriegt habe, hat sie in etwa die Sensibilität einer Berglawine.

Nahm den Hörer in die Hand. „Ah! Hallo, Adrian — hoffe, ich stör' dich nicht grad bei irgendwas!"

„Ah, George", sagte ich, „wollte dich sowieso grad anrufen wegen…"

„Hör mal, Bruder!" dröhnte George. „Tust du mir einen Gefallen? Also, du weißt doch…naja, ich hab mich neulich ein bißchen über meinen Jungen, den William, aufgeregt — der alte Esel hat doch glatt vergessen, ein Nicht reinzumachen…jedenfalls, im Eifer des Gefechts hab' ich gesagt, er muß die Bandprobe zwei Wochen lang ausfallen lassen und — naja, ich glaube, ich hab ein bißchen übertrieben. Sache ist die: Will ihn wieder gehen lassen, soll aber nicht denken, er hätte mich weich gekriegt. Drum…"

„Ja, George?"

„Also hättest du was dagegen, wenn ich ihm sage, *du* hast mich überredet, mir alles nochmal zu überlegen? Wär' das in Ordnung? Ja?"

„Meinetwegen, George, schon in Ordnung. Mach nur! Wiedersehn, George!"

Kehrte zu meinem merklich abgekühlten Bad zurück und sagte zu Gott: „Du wirkst *wirklich* auf geheimnisvolle Weise, oder?"

Später in der Unity Hall kam Elsie auf mich zu und blickte mich mit großen bewundernden Augen an.

„Wissen Sie, an wen Sie mich ein bißchen erinnern, Mr. Plass, schon vom Aussehen her?"

Hier kommt sie also wieder, dachte ich, die alte Henry-Kissinger-Kiste. Na gut, ein bißchen Heldenverehrung hat noch keinem geschadet.

„An wen denn?" fragte ich.

„An Erika Berger von RTL plus."

Samstag, 8. Februar

Dachte, vielleicht gibt's im christlichen Buchladen etwas zum Thema „Verwirrung". Als ich den Buchhändler fragte, erwiderte er: „Verwirrung?" — in einem Tonfall, als hätte ich von ihm einen Zentner Briketts verlangt. Er förderte schließlich hinter dem christlichen Heimwerker-Regal eine Kassette zutage, die den Titel trug: „Kollektion klärender Kurse für konfuse Kirchgänger." Der Vortrag stammte von Dr. William Worplesdon — oder „Wendolin Worplesdon", wie er gemeinhin genannt wird.

Machte es mir am Abend bequem, um die Kassette anzuhören. Freute mich auf ein paar unmißverständliche Ausführungen zum Thema Tod und Himmel und all das, was mich so durcheinandergebracht hat. Das Tonband begann folgendermaßen:

„Mein Name ist Worplesdon. Ich grüße Sie, verwirrter Bruder, verwirrte Schwester. Meine Botschaft zerfällt in drei Abteilungen, deren erste aus zwei Abschnitten besteht: Abschnitt A, der sich dem Thema aus vier Perspektiven nähert, deren allererste in zwei Kapitel zerlegt werden kann, deren erstes wiederum vier Kategorien umfaßt und mit einem facettenreichen Unterthema beginnt, dessen erste Facette unter sechs Hauptüberschriften dargestellt ist, wobei ich Nummer eins aus zwei Blickwinkeln betrachten möchte, deren erster fünf Komponenten hat, deren Ausgangspunkt sich wie von selbst in sieben Sektoren aufspaltet und mit einer dreistufigen Einführung beginnt, die den ersten Teil des Ausgangspunktes im Anfangsstadium des primären Punktes eines Arguments in sechs Schritten markiert, welches das Thema der Konfusion in der Kirche betrifft..."

Es muß das Klicken der Abschaltautomatik des Kassettenrecorders gewesen sein, das mich aufweckte. Möchte nicht wissen, wie Worplesdon ist, wenn er zu Menschen spricht, die *nicht* verwirrt sind.

Schleppte mich nach oben ins Bett. Anne schläft schon, so

daß ich nicht mit ihr reden kann. Gerald hat auf meinem Kissen einen Zettel hinterlassen, auf dem steht, daß *Mutter Teresa* ein Anagramm von *Rest traeumte* ist. Jetzt schläft auch er schon wie ein Murmeltier.

Nur ich bin noch da — ich und Gott.

Hilf mir, Gott! Ich bin verwirrt…

Sonntag, 9. Februar

Der Mönch, der Weihnachten gepredigt hat, war heute wieder da. Edwin hat ihn gebeten, eine Fragestunde zu halten. Ließ meine Gummibärchen ungeöffnet in der Tasche. Pater John sah blaß und übernächtigt aus, aber ich dachte wirklich, sie hätten hinter ihm ein *Spotlight* befestigt, weil sein Gesicht von einer Art Strahlenkranz umspielt wurde, während er dort vorn still auf einem Hocker saß.

Mrs. Fluspool stellte die erste Frage.

Sie sagte: „Ich finde es merkwürdig, Herr Pfarrer — ich kann Sie nicht *Pater* nennen, weil ich gegen die Anwendung der Kategorie *Vater* auf einen Menschen biblisch begründete Einwände habe —, daß Sie anläßlich Ihres letzten Besuches das göttliche Gericht über die Sünden des *Fleisches* kaum der Erwähnung wert fanden. Am Ende fühlen Sie sich gar nicht sündig?"

Pater John zwinkerte mit den Augen. „Oh, ich bin ein Gauner und Halunke, wie er im Buche steht", erklärte er enthusiastisch, „aber ich spüre *so sehr*, daß mir vergeben ist. Sehen Sie, Gott ist ganz verrückt nach mir — so wie er ganz verrückt nach Ihnen ist. Die Erlösung, das war seine Idee, wie Sie wissen — nicht unsere." Er deutete auf Mrs. Flushpool. „Angenommen, Sie würden mit jedem Menschen in ihrer Straße die widerwärtigsten Sünden begehn, und Sie kämen zu Gott und würden sagen: ‚Tut mir ehrlich und aufrichtig und fürchterlich leid!', dann würde er sagen: ‚Prima! Fangen wir also nochmal von vorne an!' Wundervoll, nicht wahr?"

Mrs. Flushpool, die vermutlich vor ihrem inneren Auge

mit der Vorstellung rang, wie sie mit allen Anwohnern ihrer Straße widerwärtige Sünden beging, fiel in ihren Sitz zurück und sah ziemlich mitgenommen aus.

Leonard Thynn lehnte sich herüber und flüsterte mir ins Ohr: „Der kennt einen andern Gott wie ich. Sein Gott ist *nett!*"

Merkte plötzlich, daß ich mich aufrichtete. Kam mir vor wie ein Sechsjähriger, als ich redete.

„Ich will nicht sterben…"

„Nein", sagte Pater John, „ich auch nicht. Das Leben kann so toll sein. Ich bin sicher, daß Jesus auch nicht sterben wollte. Seine Freunde und Verwandten, die Natur, Lachen, Tränen, Arbeit — ich bin sicher, er hat das alles geliebt."

„Aber der Himmel — die Vorstellung vom Himmel scheint so… ich weiß nicht…"

„Wie heißen Sie?" fragte der Mönch.

„Adrian…"

„Adrian, was macht Ihnen Spaß — *wirklich* Spaß, meine ich?"

„Fußball." Wollte eigentlich nicht die Wahrheit sagen, rutschte mir einfach so raus.

„Dann", sagte Pater John, „muß Gott bei Ihnen dafür sorgen, daß der Himmel wenigstens so aufregend und anregend und befriedigend ist wie das Endspiel der Fußball-WM. Ist das Ihre Frau, die neben Ihnen sitzt?"

Anne lächelte und nickte.

„Wenn Adrian plötzlich umkippt, meine Liebe, und Bruder Tod an die Tür klopft, dann wissen Sie ja, was Sie zu tun haben?!"

„Ja", lachte Anne, „dann werde ich ihm noch schnell ein paar Fußballstiefel unter die Arme klemmen und eine Trillerpfeife in den Mund."

Fühlte mich, als hätte jemand das Fenster aufgemacht und den stickigen Raum gelüftet. Ging nach Hause und war beim Mittagessen überaus gutgelaunt. Lud Leonard ein, der *drei*

Flaschen Wein mitbrachte! Weil wir die Probleme des armen alten Leonard auf diesem Gebiet kennen, vernichteten Anne und ich so viel von dem Zeug wie möglich, bevor er es in die Finger kriegen konnte. Leonard blieb nüchtern, Anne schien der Wein nichts auszumachen, aber mir ging's mit unserem Eßtisch wie der Lieblingsmannschaft Geralds mit der Tabelle: ich mußte am unteren Ende gegen weiteren Abstieg kämpfen.

Montag, 10. Februar

BIN DEN GANZEN TAG GLÜCKLICH GEWESEN!!!

Möchte noch immer nicht sterben, habe aber jetzt das Gefühl, daß alles in guten Händen ist.

Bestand darauf, daß wir am Abend alle zusammen ins Kino gehen. Als wir hinkamen, fanden wir heraus, daß wir die Qual der Wahl hatten zwischen den beiden Streifen *Bekenntnisse einer geistesgestörten Tomate* und *Lucky der einsame Waschbär*.

Wollten nicht einfach wieder kehrtmachen und sahen uns den Waschbärfilm an. Anne und mir gefiel er ganz gut, aber Gerald sagte hinterher, er hätte die Zeit genutzt um herauszukriegen, daß *Michael Gorbatschow* ein Anagramm von *ob Wolga Schach reimt?* ist!

Zum Glück wird keiner dieser Prominenten mein Tagebuch jemals in die Hand kriegen!

Dienstag, 11. Februar

Traf heute auf dem Heimweg Mr. Lamberton-Pincney, der in der Gemeinde eine kleine Gruppe anführt, die sich „Liga gegen Schmutz und Schund" nennt. Sie sind ständig auf der Suche nach Sachen, gegen die man zum Kreuzzug aufrufen kann. Mr. Lamberton-Pincney, der darauf besteht, daß man ihn stets mit vollständigem Namen anredet, sagte mir, daß diese Woche der alljährliche Gemeinschaftsabend seiner Gruppe geplant sei, man sich jedoch noch nicht auf den Inhalt der gemeinsamen Unternehmung geeinigt habe.

Erzählte ihm vom Kino. Ich sagte: „In Studio Eins laufen die *Bekenntnisse einer geistesgestörten Tomate.*" Mr. Lamberton-Pincney zuckte schmerzvoll zusammen. „In Studio Zwei gibt es so eine Art Naturfilm."

„Hmmmm…", sagte er, „das ist vielleicht das angemessene. Sind Sie *sicher,* daß der Film nicht — unpassend ist?"

„Oh ja", sagte ich, „Anne und Gerald und ich haben ihn gestern abend gesehen. Es ist so ein Film über wilde Geschöpfe, die — na ja, wilde Sachen machen. Echte Familienunterhaltung!"

Mr. Lamberton-Pincney sagte, er würde mit seiner Gruppe wahrscheinlich Freitag abend in den Film gehen. „Sind Sie sicher", fragte er nochmals, „daß dieser Film *geeignet* ist?"

„Oh ja", antwortete ich lebhaft, „völlig harmlos."

Mittwoch, 12. Februar

Edwin rief heute morgen an und sagte, heute in 14 Tagen gäbe es bei uns eine spezielle Heilungsveranstaltung, die ein Gastprediger aus dem Norden halten würde. Die Anzahl der Sitzplätze sei begrenzt. Ob ich welche reservieren wolle? Sagte, ich rufe in fünf Minuten zurück. Legte mich im Flur auf den Rücken und stemmte die Schuhsohlen gegen die Haustür. Nachdem ich meine Beine ein bißchen gedreht und gewendet hatte, stellte ich fest, daß jedes von beiden genauso lang ist wie das andere. Wünschte, ich hätte gemerkt, daß mich Anne und Gerald von der Küche aus beobachteten. Ich würde gern jedesmal 10 britische Pfund kriegen, wenn ich auf ihrem Gesicht jene Mischung von Mitleid und Sorge registriere, die sich leider nicht selten einstellt, wenn sie mich im Visier haben.

Gerald trat wie beiläufig auf den Flur hinaus und sagte mit einer Art therapeutischer Lässigkeit: „Keine Angst, Papa! Wir lassen keinen ins Haus, den du nicht sehen willst."

Dummer Junge! Er muß *gewußt* haben, daß es eine rationale Erklärung gibt. Erzählte ihm von Edwins Anruf.

„Es geht um folgendes", erklärte ich ihm, „die meisten dieser Heilungsveranstaltungen heutzutage enden damit, daß viele Kranke rauskriegen, daß die Wurzel ihres Problems darin besteht, daß ein Bein länger als das andere ist. Deswegen habe ich meine Beine erst mal nachgecheckt, bevor ich Edwin zurückrufe."

„Und…?" wollte Anne wissen, die sich uns zugesellt hatte.

„Na ja… ich glaube, meine sind gleich lang. Also ruf ich zurück und sage, daß ich komme."

„Und wenn eins *tatsächlich* kürzer gewesen wäre?" fragte Gerald und blickte noch verwirrter drein.

„Dann wäre ich natürlich nicht gegangen", antwortete ich und versuchte, dabei nicht allzu ungeduldig zu klingen.

„Damit du nicht am Ende geheilt wirst?" bohrte Anne.

„Genau! Kannst du dir etwas Peinlicheres vorstellen?"

Rief Edwin an, bat ihn, drei Plätze zu reservieren, und brach dann zur Arbeit auf — wohl wissend, daß Anne und Gerald noch immer im Korridor standen und mir entgeistert nachsahen, während ich die Türschwelle überschritt.

Donnerstag, 13. Februar

Gloria Marsh kam heute abend zum Hauskreis. Kommt nicht oft.

Eine sehr attraktive Witwe.

Nicht, daß sie mich im geringsten interessiert, aber ich glaube, sie hat ein halbes Auge auf *mich* geworfen. Als sie reinkam, lehnte sich Gerald zu mir herüber und flüsterte: „Wampe einziehen, Papa! Gloria ist da."

Lächerlich!

Beim Kaffee kam Gloria schnurstracks auf mich zu und vertraute mir ihre Probleme im Zusammenhang mit einer astronomischen Telefonrechnung an, deren Begleichung ihr Budget leider völlig überfordere. Wie zufällig fiel mir ein, daß ich ja tatsächlich in der Lage war, ihr unter die Arme zu greifen. Sprang die Treppen hoch und schrieb einen Scheck aus. Überreichte ihn Gloria, als sie gerade im Gehen war. Begab mich dann in die Küche und erzählte alles Anne.

„Du hättest ihr Gesicht sehen sollen", sagte ich. „*Überrascht* ist gar kein Ausdruck!"

„Ich bin *sicher*, daß es das nicht ist, mein Lieber", sagte Anne — ein wenig unterkühlt, wie mir schien.

Kurz danach rief Gloria an, um mir nochmals für das Geld zu danken. Nannte mich Honigtopf! Sagte im Scherz zu Anne: „Warum nennst du mich niemals *Honigtopf*, Anne?"

Sie sagte: „Weil du keiner bist, mein Bester!"

Freitag, 14. Februar

Wachte um sechs auf. Plötzlich fiel mir siedendheiß ein, daß heute Valentinstag ist. Warf mich so leise wie möglich in die Klamotten, schlich aus dem Haus und taumelte schlaftrunken zum Laden an der Ecke.

Stieß auf einen kleinen Auflauf verhärmt dreinblickender Ehemänner, die in den schäbigen Restbeständen an Valentinskarten kramten. Für mich blieb bloß noch eine übrig, auf der ein Kater abgebildet war, der eine Mäusin zwischen die Pfoten geklemmt hatte und (in Gestalt einer Sprechblase) behauptete: „Ich hab' dich zum Fressen gern!"

Als Anne am Frühstückstisch die Karte öffnete, sagte sie: „Oh, Schatz, du bist so unheilbar romantisch. Du hast bestimmt Stunden zugebracht, um *die* zu finden."

Immerhin lachte sie. Überreichte mir ihrerseits eine wunderschöne Karte und gab mir einen langanhaltenden Kuß über dem Marmeladenglas, bis uns Gerald unterbrach, der hereinkam und sagte: „Mit deinem Schlips wird's ein klebriges Ende nehmen, Papa!"

Sah mit Interesse, daß Gerald eine dieser riesigen gefütterten Karten gekriegt hat, auf deren Vorderseite sich ein gewaltiges Samtherz befand, und deren Innenseite mit Hunderten von Küssen (mit rotem Kuli gezeichnet) übersät war. Allerdings anonym.

73

Ich sagte: „Na, wer ist denn die heimliche Verehrerin, Gerald?"

„Ist wahrscheinlich eine kollektive Opfergabe der lokalen Weiblichkeit", antwortete er cool, aber man konnte sehen, daß er zufrieden war. Gerald hat bisher noch nie eine richtige Freundin gehabt — nicht, daß ich mir deswegen irgendwelche Sorgen mache.

Weshalb sollte ich? Hat mich noch nie gestört.

Ziemlich überrascht, als ich abends sah, daß Elsie Gerald nach der Bandprobe heimbegleitete, um ihm „zu helfen, die Gitarre zu tragen". Hoffe, das Mädchen, das die Valentinskarte geschickt hat, hat die beiden nicht gesehen. Sonst kommt sie noch auf abwegige Gedanken und wirft die Flinte ins Korn. Blöd von Elsie, wo sie doch so in William verknallt ist.

Samstag, 15. Februar

Wachte mit einem dieser seltenen Alles-ist-in-Ordnung-Gefühlen auf. Schlenderte nach dem Frühstück zum Bäcker, um einen Laib Brot zu holen. Auf dem Heimweg konnte ich nicht umhin, darüber nachzudenken, daß ich zwar ab und an den einen oder anderen unbedeutenden Schnitzer mache, aber doch im großen und ganzen alles ganz annehmbar hinkriege.

Spürte trotz der Kälte, wie eine wohlige Wärme in mir aufstieg.

Wurde aus meinen sonnigen Gefühlen aufgeschreckt, als ich an die Haustür kam und durchs Wohnzimmerfenster bemerkte, daß Mr. Lamberton-Pincney da war, auf unserem unbequemsten Stuhl saß und *äußerst* ungehalten aussah.

Versteckte mich eine Weile in der Garage und las die Sportnachrichten in einer zehn Jahre alten Zeitung, in der Hoffnung, er würde wieder gehen. Die Kälte trieb mich schließlich doch ins Haus. Endgültig Schluß mit der Wohligkeit war, als mir Anne auf der Türschwelle Auge in Auge entgegentrat und zischte: „Du Vollidiot! Du Kamel mit Spatzenhirn! Warum hast du nicht nachgesehen, ob sie Freitag denselben Film spielen wie Montag? Ich begreife nicht, wie man derartig bescheuert sein kann!"

Registrierte augenblicklich, daß irgend etwas ziemlich daneben gegangen sein mußte.

Mr. Lamberton eröffnete die Konversation mit düsterer Grabesstimme:

„Ihrer Empfehlung folgend, Mr. Plass", sagte er unheilschwanger, „nahmen ich und meine kleine Gruppe gestern an der Filmvorführung in Studio Zwei teil. Da die Zeit schon ein wenig vorgerückt war, erwarben wir die Eintrittsbilletts in Eile und betraten das Lichtspieltheater unverzüglich und ohne zuvor das handelsübliche Werbematerial einem Augenschein zu unterziehen. Schließlich..."

Er fixierte mich mit anklagendem Stirnrunzeln.

„Schließlich hatten wir das Ehrenwort eines christlichen Bruders, daß dieses Entertainment nicht...ungeeignet sei."

Räusperte mich nervös. „Was ääh, wie ääh...hieß denn der...ääh Film, den Sie ääh...?"

Mr. Lamberton-Pincney verkrampfte sich. „Der Film, Mr. Plass, trug den Titel *Heiße Schenkel im feuchten Gras*."

Versuchte, alles zu erklären und mich zu entschuldigen. Nur mit Mühe akzeptierte Mr. Lamberton-Pincney meine Apologie. Dann verließ er mein Heim, wobei er mißtrauisch nach links und rechts spähte, sobald er die Straße erreicht hatte, als ob er Angst davor hätte, er könnte von irgend etwas Obszönem überrumpelt werden.

„Eins muß man dir zu deiner Ehrenrettung zugute halten, Papa", sagte Gerald, der an der Tür gelauscht hatte, „du hast diesem Mr. Dingsbums-Wasnoch erklärt, der Film handelt von wilden Geschöpfen, die wilde Sachen machen..."

„Und...?"

„Na ja, nach allem, was ich über *Heiße Schenkel im feuchten Gras* mitgekriegt habe, war das doch genau das, was er gesehen hat!"

Anne rief aus der Küche: „Wo ist mein Brot?" Dachte einen Augenblick nach. „In der Garage!" rief ich zurück.

Anne kam herein und starrte mich an.

Gerald sagte sanft: „Du wirst das Auto nie in den Brotkasten kriegen, Papa!"

Anne zog ab und murmelte: „Es wird wohl kaum der *Brot*kasten sein, wo der mal endet..."

Sonntag, 16. Februar

Wünschte mir, es gäbe eine einfache Methode, um rauszukriegen, ob Gedanken bloß Gedanken sind — oder Botschaften von Gott. Hatte heute direkt nach der Stillen Zeit einen Gedanken. Ging mir einfach so durch den Kopf.

„Kauf einen Laubfrosch und nenn ihn Kaiser Wilhelm!"

Klingt absolut absurd, aber weshalb sollte solch ein Gedanke plötzlich aus dem Nichts auftauchen? Wollte eigentlich Anne und Gerald davon erzählen, kam aber zu dem Schluß (vor allem nach gestern), daß ich Hohn und Spott ernten würde wie Richard mit seiner aufgespießten Qualle. Schrieb den Satz einfach auf ein Stück Papier und verwahrte den Zettel in der inneren Jackettasche meines zweitbesten Anzugs. Man kann nie wissen!

In die Kirche.

Stellte fest, daß der alte Ephraim Trench, ein ortsansässiger Bauer, predigen sollte.

Predigt nur zweimal im Jahr. Ein lieber alter Kerl, aber zelebriert es, mit vielen Worten so gut wie nichts zu sagen.

Ephraim stand nach der Anbetungszeit auf, fischte eine riesige silberne Taschenuhr mit Kette aus seiner Weste, verglich die Zeit mit der Wanduhr, verglich sie nochmals mit Edwins Armbanduhr, verglich sie — um ganz sicher zu gehen — ein weiteres Mal mit Vernon Rawlings erstaunlichem Digital-Chronometer, von dem Gerald behauptet, er würde einem wahrscheinlich ein dreigängiges Menü zubereiten, wenn man die Knöpfe in der richtigen Reihenfolge drückt. Dann legte er seine Uhr feierlich vor sich aufs Rednerpult und kramte aus seiner Hosentasche ein überdimensionales weißes Taschentuch hervor.

Verwöhnte uns mit einem virtuosen Schneuz-Konzert, wie es unsere Kirche noch nie zuvor gesehen oder gehört hat. Schien sich stundenlang hinzuziehen. Bot sehr gekonnte Imitationen aller gängigen Blasinstrumente, angefangen von langen hohen Trompetenstößen bis hin zu tiefen tubaähnlichen Effekten. Schließlich verstaute der alte Mann das Leinentuch wieder in der Tasche und wollte gerade die Bibel zur Hand nehmen, als die Uhr die volle Stunde schlug und Ephraim — nachdem er die Schläge sorgsam mitgezählt hatte — seine Taschenuhr abermals zur Hand nahm, um weitere Feinabstimmungen vorzunehmen, bevor er sie wieder aufs Pult legte. Ein oder zwei Leute, die zehn Minuten lang nichts geboten bekommen hatten, was sie mit „Halleluja!" hätten quittieren können, wurden ein wenig unruhig, vor allem, als der alte Knabe drauf und dran schien, neuerdings zum Taschentuch zu greifen. Aber das erwies sich als Fehlalarm.

„Rrrichtik!", sagte er. „Jetzt gäiht es louß! Hoit' morrrgen wollen wirrr läisen ain Psalm, nicht warrr? Wollen wirrr läisen Psalm drrraiuntzwantzick! Unt bin ich glicklich zu sagen: derrr Herrr hat mirrr offenbarrrt aine Mäiklichkeit, rrrasch zu finden den Psalm in mäine Bibel, unt will ich eich allen das gäiben wäiter hoit' morrrgen! Es gäiht wie folcht."

Ephraim redete mit prophetischem Pathos.

„Psalm drrraiuntzwantzick ist laicht zu finden, maine Brrrieder unt Schwesterrrn, denn der Herrr in sainerrr Waissshait hat ihn gesetzt dirrrreckt hinterrr Psalm tzwaiundtwantzick unt dirrrreckt vorrr Psalm fierrunttzwantzick! Hallelöija!"

Gerald, Anne und ich sagten ebenfalls sehr laut „Halleluja!", um Ephraim zu unterstützen. Er ist eine gute Haut.

Elsie war nachmittags da, um Gerald wegen eines Songs

um Rat zu fragen, den sie gerade schreibt. Sie muß ihre Musik sehr ernst nehmen, daß sie einen ganzen Nachmittag dranhängt, den sie mit William verbringen könnte. Gerald zeigte mir später eine Abschrift ihres Liedes. Es geht folgendermaßen los:

Ich lieb' ihn so wie keinen,
mein Herz hüpft in die Höh',
wenn ich nur an ihn denke.
Sein Nam' fängt an mit „G".

Sagte am Abend zu Anne, wie großartig ich es finde, daß ein Mädchen in Elsies Alter fähig ist, solch ein positives Lied über Gott zu schreiben. Anne sah mich ziemlich seltsam an. Weiß nicht warum.

Montag, 17. Februar

Etwas Interessantes am Abend: Hörte, wie die Gartentür nebenan auf- und zuklappte. Als ich aus dem Flurfenster guckte (um zu sehen, wie das Wetter ist), entdeckte ich den Mönch, Pater John, der vor Frank Braddocks Haustür stand. Eilte in die Küche und fand dort ein paar leere Milchflaschen, die ich vors Haus stellen mußte. Kam gerade rechtzeitig, um mitzukriegen, wie Braddock die Tür aufmachte und rief: „Potzblitz! Soll mich doch der Schlag treffen! Komm rein, altes Huhn!"

Der Mönch kicherte und sagte etwas, was so klang wie: „Grüß dich Gott, du elendes Stinktier!" Dann verschwand er im Haus, und die Tür schloß sich hinter ihm.

Interessant!

Spürte am Abend mal wieder mein stechendes altes Rückenleiden. Hoffe, es wird nicht schlimmer. Wäre doch zu dumm, wenn ich die Heilungsveranstaltung in acht Tagen verpassen würde. Ich möchte endlich einmal *sehen*, wie jemand geheilt wird.

Dienstag, 18. Februar

Verbrachte heute nach der Arbeit eine schöne Stunde bei den Doves. Kitty wird immer weniger, aber sie strahlt und lächelt wie eh und je. Erzählte ihnen von meinen Problemen mit dem Sterben und dem Himmel und wie ich Mr. Dingsda-Pincney seinen geselligen Abend vermasselt habe — eben alles, was so anstand. Bill sagte, ich sei ein sehr außergewöhnlicher Mensch, und Kitty meinte, Gott würde wohl all diese Fehler und Probleme benutzen, um mich auf eine besondere Aufgabe vorzubereiten, die nur ich erfüllen könnte. Hatte die Sache noch nie von der Seite betrachtet. Fühlte mich sehr beschenkt, als ich aufbrach.

Bill brachte mich zur Tür und sagte mir, Kitty, müßte bald zur Beobachtung in die Klinik, aber sie will nicht, daß man deshalb ein großes Trara macht.

Erzählte Anne und Gerald von Kitty, als ich nach Hause kam. Sprach ein kurzes Gebet, und wir alle sagten lauter als sonst „Amen!"

Am Abend kam Leonard, um mit Gerald und mir Scrabble zu spielen. Ich mußte wie gewöhnlich ein paarmal aussetzen, weil ich zu lang brauchte, während Leonard Wörter wie „VQUEX" legte, was seiner Aussage zufolge im Großen Oxford-Lexikon als „Kreuzung zwischen einem Frettchen und einer Giraffe" definiert sei. Gerald legte mit der Begründung Einspruch ein, daß der Paarungsakt zwischen diesen beiden Wesen geometrisch unmöglich ist. Im weiteren Verlauf bewegte sich unsere Konversation immer mehr in eine so geartete Richtung, daß ich mich weigere, den Inhalt in einem Tagebuch zu Protokoll zu nehmen, das den Anspruch hat, christlich zu sein.

Rücken tut immer noch ein bißchen weh. Lachte mich auf der Treppe halbschief, als Gerald sagte, daß *Marilyn Monroe* ein Anagramm von *Mormone in Lyra* ist. Muß mich dabei verzerrt haben.

Mittwoch, 19. Februar

Mache mir Sorgen, daß Gerald Anagramm-süchtig wird. Kam heute nacht um eins nach unten, weil ich ein Geräusch gehört hatte, und fand Gerald noch immer im Wohnzimmer vor. Er hielt seinen Bleistift umklammert und war von Papierfetzen umgeben, die mit Buchstaben übersät waren. Er sah mich wild triumphierend an und sagte: *„Seinesgleichen!"*

Wich etwas nervös zurück.

„Seinesgleichen!" wiederholte er und wedelte mir mit einem Blatt Papier vor der Nase herum. „Seinesgleichen ist ein Anagramm von *elegisch niesen!* Aber auch von *Inselgeschneie, Engels Schein-Ei, ein Genesis-Elch* und *ich lese sein Gen!!* Und", fügte er hinzu, „nicht zuletzt von *Esel neigen sich!!!*"

Ging wieder ins Bett. Alles, was recht ist! Verrückter Junge!

Fühlte mich heute morgen während der Stillen Zeit innerlich geführt, dem verarmten und etwas wunderlichen Ex-Schauspieler Mr. Brain, unserem Nachbarn, eine kleine Fi-

nanzspritze zukommen zu lassen. Erinnerte mich an jenen
Vers in der Bibel, wo es heißt, wir sollen *im Verborgenen* geben. Erzählte also nicht mal Anne von meinem Vorhaben.
Tat das Geld in einen unauffälligen Briefumschlag und steckte ihn auf dem Heimweg von der Arbeit in seinen Briefka-
sten. Hing noch ein bißchen in der Gegend rum, in der
Hoffnung, er würde mich durchs Fenster beobachten.

Am Abend schneite Edwin herein. Sagte, er hätte einen
ganz besonderen Gastredner eingeladen, Dwight Hackenbak-
ker aus Kalifornien. Der soll am Sonntag über die „Geistesga-
ben" reden.

Donnerstag, 20. Februar

Konnte nicht umhin, den ganzen Tag bei der Arbeit zu
spüren, wie ein warmes Gefühl in mir aufwallte, wenn ich an
Mr. Brains Freude dachte. Welch fröhliches Vorrecht ist es
doch, geben zu dürfen!

Hatten heute abend beim Hauskreis eine Debatte über die
Frage, ob die Einheit der Kirche erstrebenswert ist oder nicht.
Richard Cook sagte, er hätte nichts dagegen, solange sich
nichts an unserer Gottesdienstform ändert und er sich nicht
mit Leuten von solchen Kirchen zusammentun muß, die
nicht „wahrhaftig im Wege sind".

Die alte Mrs. Thynn sagte, sie hätte nichts dagegen, mit
anderen Christen zusammenzukommen, aber sie wolle nicht
in Kirchen gehen müssen, wo man durch die Tür kommt
und „nichts als *Inzest* riecht". Edwin korrigierte sie dahingehend, daß sie wohl die *Inzensation* meine, das Verbrennen von
Weihrauch in der katholischen und orthodoxen Liturgie.

Wir alle lachten, aber Edwin meinte, wir sollten dieses
wichtige Thema ernst nehmen und über die Tatsache nachdenken, daß wir alle Teile des Leibes Christi sind und einan-
der brauchen.

Im Anschluß gute Diskussion, die damit endete, daß jeder
sagte, welcher Körperteil wir unserer Meinung nach sind.

Anne begann und sagte, sie denkt, daß sie ein Stück vertrocknete Haut am Ellbogen ist, aber Edwin — Gott segne ihn! — meinte, daß sie seiner Meinung nach viel näher am *Herzen* sei.

Habe Anne seit Menschengedenken nicht so erröten sehen!

Zum Glück mußte Gerald zu diesem Zeitpunkt aufspringen, um das Telefon abzunehmen, das im Flur klingelte. Als er sich hinter Richard vorbeiquetschte, sagte er: „Verzeihung, Richard, aber du bist *wahrhaftig im Wege!*"

Wir waren uns alle einig, daß Edwin ein Ohr ist, weil er so gut zuhören kann, und George Farmer sagte, er wüßte selber, daß er ein Mund ist. Thynn behauptete aus irgendeinem obskuren Grund, er sei ein linkes Schulterblatt, und Norma Twill meinte, sie sei ihrer Meinung nach ein Grübchen. Konnte mir nicht denken, was ich bin, wies aber Thynns Vorschlag von mir, der mich zu einer kleinen bedeutungslosen Nebenader im rechten Fuß machen wollte. Hat wirklich Spaß gemacht!

Gerald erschien wieder auf der Bildfläche, als wir alle bereits in Aufbruchstimmung waren, und sagte, er hätte sich schon einen guten Namen ausgedacht für den Fall, daß sich alle Konfessionen und Freikirchen zu einer einzigen Gruppe zusammenschließen.

„Ganz einfach", sagte er, „wir nennen uns dann die *Freimaptoristischen Katholaner.*"

Fragte Gerald später, mit wem er die ganze Zeit telefoniert hat.

„Oh", sagte er, „das war nur Elsie, die mir sagen wollte, daß ihr Song jetzt fertig ist. Haben einfach ein bißchen... gequatscht."

Gefällt mir wirklich. Muß für ein Mädchen wie Elsie gut sein, eine enge platonische Freundschaft mit einem Mitglied des anderen Geschlechts zu unterhalten. Sagte das vor dem Zubettgehen Anne. Sie lachte und erwiderte etwas völlig Unerklärliches:

„Schatz, falls du dich jemals entschließen solltest, ein Verhältnis anzufangen, dann läßt du das lieber mich organisieren!"

Freitag, 21. Februar
Kam heute von der Arbeit und fand auf dem Fußabstreifer eine Notiz, die an mich adressiert war:

Werter Mr. Plass,
Vor sehr geraumer Zeit haben Sie sich erlaubt, von meinem exzellenten mechanischen Heckentrimmer Besitz zu ergreifen. Sie umschrieben diese Transaktion seinerzeit als „Leihe". Möglicherweise sind die Termini „Leihe" und „Diebstahl" in Ihrem Vokabular Synonyme. Falls nicht, wäre ich Ihnen aufs äußerste verbunden, wenn Sie mein Eigentum zurückerstatten würden. Widrigenfalls sehe ich mich gezwungen, Sie einzuladen, Ihre privaten Sprachregelungen meinen Anwälten zu erläutern, von denen Sie in Kürze hören werden.
Von Ihrem gebrechlichen ältlichen Opfer
Parzival X. Brain

Zeigte den Zettel Anne. Sie sagte: „Ist ja zum Schreien! Ein komischer Kauz ist das, nicht wahr?"
Brachte den verfluchten Trimmer sofort rüber zu diesem albernen alten Narren. Als er an die Tür kam, fragte ich: „Ist letzte Woche auch irgendwas *Gutes* passiert?"
Brain sagte: „Der Herr hat sich meiner angenommen, junger Mann, und zwar vermittels einer Seele, deren Natur es ist, eher zu *geben* als zu *nehmen*. Davon könnten Sie sich ein Stück abschneiden, Plass! Ein gewaltiges Stück!"
Fuchtelte mit seinem Finger vor mir rum. Hätte ihn am liebsten getrimmt. Ging nach Hause und schmollte ein Stündchen. Am Ende kitzelte mich Anne von hinten und sagte: „Aaah... unser kleiner süßer Dideldum macht schmol-

lie-wollie, weil der böse Mr. Brainy-Wainy denkt, daß unser kleiner süßer Dideldum ein ganz großer böser Mann ist…"

Konnte mir ein Lächeln nicht verkneifen. Ruinierte mein Schmollen.

Gerald kam spät von der B.N.F.T.D.-Probe nach Hause. Wirkte sehr geistesabwesend. Fragte ihn, was los ist. „Nichts, worüber du dir dein Köpfchen zerbrechen mußt, Paps. Nur Band-Storys — du weißt schon."

Samstag, 22. Februar

Das Geben im Verborgenen ist schwierig!!!

Im Augenblick ist mir danach, Brain zu erdrosseln und ihn kurz vor Eintritt des Todes über die Sache mit dem Geld aufzuklären. Ein schöner Christ bin ich! Bat Gott, einen besseren Menschen aus mir zu machen.

Sonntag, 23. Februar

Zur Kirche.

Dwight Hackenbacher, der Kalifornier, sprach vollmächtig über das „Wort der Erkenntnis". Er sagte, diese Gabe sei auch für die heutige Gemeinde zugänglich, und wir alle könnten sie „GLEICH JETZT!" praktizieren, wenn wir das wirklich wollten.

Nach kurzer allgemeiner Betretenheit stand der junge Vernon Rawlings auf, deutete dramatisch auf Bessie, Ephraim Trenchs Jüngste, und sagte: „Du hast Schmerzen im Unterleib!"

Bessie wurde zartrosa und sagte, das stimmt nicht.

Vernon behauptete, doch, das sei so.

Bessie sagte „Nein!"

Vernon sagte „Doch!"

Schließlich sagte Bessie, sie hätte keine Schmerzen, und schließlich müsse sie es ja wissen, wo es doch *ihr* Unterleib sei.

Vernon sagte, daß er *wisse*, daß sie Schmerzen im Unterleib hätte, und vielleicht hätte sie nur nicht den *Glauben*, den Schmerz zu spüren. Zum Glück griff Edwin an diesem Punkt ein. Ich glaube, wenn ich das Wort „Unterleib" noch ein einziges Mal gehört hätte, wäre ich ausgerastet.

Beim Kaffeetrinken wirkten ein paar Leute etwas verwirrt. Die taube alte Mrs. Thynn fragte Dwight, ob „Wort der Erkenntnis" von derselben Firma gemacht wird wie „Monopoly" und „Cluedo". Sie würde es gern ihrem Enkelsohn zum Geburtstag schenken.

Ging bald nach Hause, fühlte mich groggy. Mußte ständig an Brain denken.

Montag, 24. Februar

Direkt nach dem Tee erschien plötzlich Edwin: „Wollte dir nur sagen", meinte er, „wie sehr sich der Herr über deine Großzügigkeit gegenüber Mr. Brain freut!"

Ich sah ihn mit großen Augen an. „Wie in aller Welt hast du...?" Edwin grinste. „Tja, du warst doch am Sonntag *auch* in der Kirche, oder? Bis später!"

Ging später zu Mr. Brains Haus. Sagte, ich sei gekommen, um zu fragen, ob ich irgend etwas für ihn tun könnte. Er sagte, das nützlichste, was ich machen könnte, wäre, mit ihm ein Glas selbstgebrautes Bier zu trinken und mir ein paar Geschichten über jene Zeit anzuhören, als er noch auf den Brettern stand, die die Welt bedeuten.

Das Bier war scheußlich, ich trank es aber bis zur Neige. Die Geschichten waren hinreißend — ich hing gleichsam an seinen Lippen. Als ich ging, sagte er: „Ich wäre Ihnen überaus verbunden, junger Mann, wenn Sie mich fürderhin mit *Percy* anreden würden, einem bedeutend informelleren und weit weniger *verkopften* Terminus als *Brain*. Im übrigen bin ich Ihnen so etwas wie eine Apologie für Stil und Gehalt meiner kürzlichen Ausführungen schuldig. Ich bin gewissermaßen..."

Der alte Mann sah plötzlich sehr verwundbar aus.

„Ich bin gewissermaßen jedweden familiären Trostes ent-
blößt, und ich hatte mich dahingehend zu Hoffnungen hinreißen lassen, daß das Ausborgen meiner Trimm-Apparatur
den Anbeginn eines… die Genesis einer… Beziehung signali-
sieren oder markieren könnte. Ich fürchte, daß Enttäuschung
das primäre Motiv meiner nicht gänzlich aggressionsfreien
Agenda war. Womöglich sollten wir uns jedoch nunmehr dahingehend einigen, daß wir beide an einem Punkte angelangt
sind, wo wir unser Verhältnis als… nun denn, als…"

„Freundschaft?" schlug ich vor.

„Haargenau!" sagte Percy und strahlte. „Eine Freundschaft.
Haargenau! Hopfentrunk und Konversation! Wir werden
Freunde sein und Brüder!"

Ist Gott nicht manchmal wirklich nett?!

(Ich meine natürlich *immer!* Verzeih mir, Gott!)

Dienstag, 25. Februar

Stand heute zeitig auf, um nochmals die Länge meiner
Beine zu überprüfen und für die Heilungsveranstaltung morgen abend startklar zu sein. So weit ich es beurteilen kann,
sind sie absolut identisch. Das wäre also das.

In der Stillen Zeit bekannte ich alles, was mir nur irgendwie einfiel, damit bei der morgigen Versammlung keiner die
Gelegenheit beim Schopf packt und irgendeine geheime
Sünde in meinem Leben ans Licht zerrt. Dann noch ein paar
gymnastische Übungen, um auszuprobieren, ob mein Rücken
o.k. ist. Keinerlei Schmerz. Von mir aus kann es losgehen. Ich
würde doch zu gerne sehen, wie jemand geheilt wird. Das
wäre wirklich erstaunlich! Aber kein inneres Organ oder irgendwas, was man nicht sehen kann. Ich möchte sehen, wie
jemand aus dem Rollstuhl springt oder die Krücken weg-
schmeißt — etwas in der Art jedenfalls.

Nicht, daß ich nicht glaube, daß Gott sowas machen kann
— natürlich nicht. Ich weiß, er kann das. Er tut es *tatsächlich!*
Ich habe davon gelesen. Ich möchte… es einfach mal sehen.

Gerald hat vorgeschlagen, daß wir bald mal eine Party schmeißen. Anne findet das auch eine gute Idee, so haben wir beschlossen, die Sache Freitag in acht Tagen anzusetzen, vorausgesetzt, der Rest von Geralds Band hat nichts dagegen, mal eine Probe ausfallen zu lassen.

Gerald fragte: „Soll es eine christliche Party werden oder eine richtige Party?"

Verstand nicht, was er damit sagen wollte.

„Was verstehst du unter einer *christlichen* Party?"

„Das weißt du doch", sagte er, „Obstkuchen und Himbeersaft und sonst nichts. Wir sollten einige Baguettes besorgen, ein paar Sorten Käse und ein paar Liter Roten, dann können wir auch alle möglichen Leute einladen."

Ich verstehe, was Gerald meint. Aber ich habe ein paar *nicht-fromme* Freunde, deren Anwesenheit in ein- und demselben Zimmer mit viel Wein und einigen meiner *frommen* Freunde mich ein bißchen beunruhigen würde. Muß eine Weile drüber nachdenken.

Mittwoch, 26. Februar

Durchlief abermals die gestrige Morgenroutine. Alles einwandfrei. Abend, du kannst kommen!

Brach gegen 19.15 Uhr zusammen mit Gerald und Anne in Richtung Unity Hall auf. War ganz schön aufgekratzt. Unsere Plätze befanden sich ziemlich in der Mitte, nicht zu weit vorn. Der Abend begann mit Chorus-Singen, das von einem jener Typen geleitet wurde, von denen Gerald sagt, sie haben ihr Abitur im Leistungsfach Ekstase mit 15 Punkten bestanden. War alles schön und gut, bis irgendeine Frau nach vorne ging und dem ekstatischen Menschen etwas ins Ohr flüsterte. Als sie fertig war, redete er uns mit dieser mikrophonnahen Stimme an.

„Diese Schwester hier hat mir gerade mitgeteilt, sie hat das Gefühl, daß der Herr uns sagen will, hier gibt es Menschen, die noch nicht dazu befreit sind, ihre Freude *physisch* auszudrücken. Und daß er möchte, daß sie die Freude wahrer Freiheit bei der Anbetung kennenlernen."

Verfiel augenblicklich in einen Ausdruck still-betender Versunkenheit.

Habe Jahre gebraucht, um diese Haltung einzustudieren. Ist aber in solchen Situationen absolut unverzichtbar. Mit ganz leichten Körperschwingungen, die bei etwas gutem Willen als „Tanzen" interpretierbar sind und einem maß-vollen, aber würdigen Händeklatschen stehe ich die meisten solcher abscheulichen Situationen ohne allzu große Einbrü-che durch.

Gerald ist da viel grausamer. Er ignoriert das alles einfach. Beugte sich zu mir rüber und flüsterte mir ins Ohr.

„Wir werden uns diese *reizende* Schwester hinterher schnappen und ihr die Rübe waschen, was meinst du?"

War enttäuscht, daß der Redner zwar endlich aufstand, aber weit und breit kein Rollstuhl und keine einzige Krücke zu erblicken! Na ja, man kann nicht alles haben.

Ganz klare einfache Rede. Beide Beine auf dem Boden — nordischer Einschlag. Gegen Ende seiner Ausführungen sagte er: „Es bringt ja nicht viel, wenn ich schöne Vorträge halte, daß Gott heilen kann, und am Ende wird keiner gesund. Be-schäftigen wir uns also ein bißchen mit Ihnen!"

Lehnte mich genüßlich zurück, wohlgemut in der Gewiß-heit, daß meine beiden Beine gleich lang sind und daß mein Rücken nicht wehtut.

Er sagte: „Also, hier ist zunächst einmal eine junge Dame, die heute früh in der Küche ihren Arm verletzt hat. Der Herr wird das in Ordnung bringen. Kommen Sie schnell zu mir nach vorn, denn wir haben noch einiges vor uns."

Ein Mädchen stand auf, blickte verblüfft und ungläubig drein und ging nach vorn. Ihr Arm war bandagiert. Nachdem er über ihrem Arm gebetet hatte, sagte der Redner: „Also, los schon, machen Sie den Verband ab! Halten Sie Ihren Arm hoch und lassen Sie alle sehen, was Gott für Sie getan hat!"

Sie reckte den entblößten Arm in die Luft und sagte: „Es ist… es ist schon besser!"

„'türlich ist's besser!" sagte er barsch. „Setzen Sie sich wieder hin!"

Bekam plötzlich Angst. Hatte nicht damit gerechnet, daß es wirklich einen Gott gibt, der echten Leuten echte Sachen über echte Leute sagt. Wollte mich verkriechen. Aber wo?

„…und dann sind da, denke ich, zwei Personen mit Rückenproblemen. Die eine hat eine Quetschung am unteren Ende der Wirbelsäule…"

Erlöst! *Mein* Schmerz war immer viel weiter oben aufgetreten, fast an den Schulterblättern. Uff!

„…und bei der zweiten Person sitzt der Schmerz viel weiter oben, fast an den Schulterblättern…"

Oh nein! Aber ich hatte doch im Moment gar keine Schmerzen…

„…im Moment haben Sie zwar gar keine Schmerzen, aber ab und zu macht Ihnen die Geschichte böse zu schaffen."

Das gequetschte Wirbelsäulenende tauchte auf, wurde ziemlich schnell verarztet und dann aufgefordert, sofort eine kleine Runde durch den Park zu joggen, um ganz sicher zu sein, daß es geheilt ist.

Plötzlich bleierne Stille über der Versammlung. Wäre fast aus der Haut gefahren, als sich Gerald zu mir herüberbeugte und mir aufs Knie tippte.

„Komm schon, Papa", sagte er leise, „das bist du — du weißt, daß du das bist!"

Kein Entrinnen! Bahnte mir zaudernd den Weg nach vorn und tuschelte wild gestikulierend auf den Redner ein.

„Meine Beine sind beide genau gleich lang, damit Sie's wissen!"

„Das ist für ein paar Sachen sehr praktisch, zum Beispiel fürs Rumlaufen", tuschelte er grinsend zurück.

„Und mein Rücken tut zur Zeit überhaupt nicht weh", fügte ich hinzu.

„Großartig!" sagte er, „und er wird Ihnen auch künftig nie mehr wehtun."

Legte seine Hand auf meinen Rücken und betete. Fühlte, wie mich eine Art Hitzewelle durchströmte, sonst nichts. Als ich fertig war und zu meinem Platz zurückkehren wollte, flüsterte er: „Gott mag Sie, mein Freund, er hat Sie wirklich gern!" Danach keine wirklich dramatischen Heilungen.

Als ich nach Hause kam, rief ich Bill Dove an und erzählte ihm alles.

„Weißt du, Bill", sagte ich, „Ich bekam es mit der Angst, als es plötzlich so aussah, als ob Gott wirklich da ist und richtig existiert. Heißt das, daß ich vorher niemals wirklich an ihn geglaubt habe?"

Hörte, wie Bill am anderen Ende der Leitung kicherte.

„Heißt es nicht", sagte er. „Heißt nur, daß du deinen Glauben bis jetzt im Herzen verrammelt hattest, aber heute abend hast du ihn auch ins Hirn gelassen. Ist immer ein kleines Schockerlebnis. Wirst damit schon fertig — keine Sorge!"

Ich sagte: „Wie geht's Kitty, Bill?"

„Hat die Heimreise gebucht, wie's aussieht", sagte Bill leise. „Nehme an, sie hat die Heimreise gebucht."

Donnerstag, 27. Februar

Ich wünschte mir, manche unanständigen Witze wären nicht so witzig. Hörte heute früh einen von Everett Glander, der am Nachbarschreibtisch arbeitet. Wirklich zum Brüllen!

Ging um General Custer, eine Makrele und einen Haufen Indianer. Mein übliches höfliches Lächeln, gefolgt von einem stirnrunzelnden „Tz-tz-tz!", hätte diesmal fast nicht funktioniert. Glander macht sowas absichtlich, weil er weiß, daß ich Christ bin. Er piesackt mich mit sadistischer Wonne, seit damals vor zwei Jahren, wo ich bei einer Büroparty zu viel getankt hatte und er auf mich zugekommen war und gesagt hatte: „Wie wär's, wenn wir mal zur Abwechslung über *meinen* Glauben reden würden?"

Nachdem ich ein ganzes Jahr lang jedes Mal die Augen zu einem christlichen Lächeln verrenkt hatte, wenn er seine impertinenten Fragen stellte: „Und wer hat Gott geschaffen?" oder „Woher kommt das Leiden?", war mir diesmal die Galle übergelaufen. Mit vier Gläsern Starkbier zuviel in den Adern hatte ich Glander haßerfüllt angeschaut und gesagt: „Stecken Sie sich doch Ihren Glauben sonstwohin!" (Die Ortsangabe war genaugenommen *noch* präziser gewesen.)

Entschuldigte mich später, aber er hat's mir seither heimgezahlt.

Wie dem auch sei — schade, daß ich keinem den Witz über General Custer erzählen kann. Er ist ja *so* köstlich! Spielte mit dem Gedanken, ihn im Hauskreis als abschreckendes Beispiel für jene Sorte von Witzen zu erzählen, die wir als Christen *nicht* zum besten geben sollten. Kam aber zu dem Schluß, das würde nicht so gut ankommen.

(Muß dran denken — Everett Glander ist genau der Menschenschlag, den ich *nicht* bei unserer Party sehen will. Schon der Gedanke, er könnte seine scheußlichen Witze reißen und all meinen christlichen Freunden mitteilen, ich sei einst sternhagelblau gewesen und hätte ihm gesagt, er soll sich seinen Glauben *sonstwohin* stecken, jagt mir die Gänsehaut rauf und runter.)

Gute Kassette im Hauskreis von einem Mann, der christliche Meditation betreibt. Angeblich steht er jeden Samstag früh sehr zeitig auf und meditiert über irgend etwas wie „Ewigkeit", „Liebe" oder „Schöpfung" - bis zu zwei Stunden lang! Er sagt, das verbleibende Wochenende sei — infolge dieser Übung — für ihn und seine Familie immer mit einem ganz besonderen Frieden erfüllt. Denke, das probier ich kommenden Samstag auch mal aus.

Wünsche mir wirklich, Leonard könnte seine Mutter dazu bringen, ihr Hörgerät etwas lauter einzustellen, wenn sie zu unseren Treffen kommt. Als das Band zu Ende war und Edwin um Kommentare bat, sagte sie: „Der Mann tut mir leid.

Ich denke mir, mit all dem Zeug im Bauch kann der sich doch kaum bewegen. Würde mich an seiner Stelle nicht friedlich fühlen."

Nach langem allseitigem Schweigen stellte sich heraus, daß sie verstanden hatte, der Mann nähme jeden Samstag morgen zwei Stunden lang *Medikation*. Anne saß in der Ecke und mußte ihr alles lang und breit erklären.

Heute abend wieder keine Spur von Gloria Marsh im Hauskreis. Nicht, daß es mich persönlich irgendwie berührt, natürlich. Erwähnte gegenüber Anne, daß Gloria schon zweimal gefehlt hat.

Sie sagte: „Vielleicht findet sie dich so unwiderstehlich, Liebling, daß sie sich entschieden hat, so sensibel zu sein und fernzubleiben."

Wie abstrus! Das ist mit fast 100%iger Wahrscheinlichkeit *nicht* der Grund!

Freitag, 28. Februar

Hätte heute beim Frühstück den Custer/Makrelen/Indianer-Witz beinahe Gerald erzählt. Bekam im letzten Moment ein schlechtes Gewissen und ließ es bleiben.

Verbrachte Teile meiner Mittagspause damit, über die Party am nächsten Freitag nachzudenken. Schade, daß es keine Anti-Einladungskarten zu kaufen gibt.

> Lieber Everett Glander,
> Wir geben nächsten Freitag eine Party
> und würden uns sehr freuen,
> wenn Sie *nicht* erscheinen würden,
> da uns Ihre Anwesenheit peinlich
> und daher nicht willkommen ist.
> Hochachtungsvoll
> Ihr etc.

Konnte mir nicht verkneifen, bei dieser Vorstellung vor mich hin zu gackern. Glander hörte mich und sagte: „Na, immer noch beim Custer-Witz? Gut, was? Schon der Frau erzählt?"

„Ich käme nicht auf den Gedanken, einen derartigen Witz irgend jemandem weiterzuerzählen", sagte ich mit jenem schmerzlich besorgten Lächeln um den Mundwinkel, das ich für Everett reserviert habe. „Ich finde derartige Witze auch gar nicht besonders lustig, um ehrlich zu sein, Everett."

„Worüber haben Sie *dann* gelacht?" fragte Everett auf diese zudringliche Art, die er mitunter am Leibe hat. „'Nen netten sauberen christlichen Witz?"

Kam mir plötzlich eiskalt und schuldig vor. Ich hatte über die Vorstellung gelacht, jenem Mann, neben dem ich Tag für Tag arbeite, einen grausamen und widerwärtigen Brief zu schreiben. Im Vergleich dazu war der Custer-Witz gar nichts. Räusperte mich.

„Eigentlich, Everett, dachte ich an eine Party, die wir nächsten Freitag geben. Anne und ich… würden uns sehr freuen, wenn Sie auch kämen und… na ja, kommen Sie doch einfach!"

Habe ihn noch nie derart perplex gesehen.

„Sie laden mich zu 'ner Party in *Ihrem* Haus am nächsten Freitag ein?"

„Ja ja — und natürlich auch Ihre Frau. Gegen acht, wenn's recht ist."

„Ja, also", sagte Everett, die Augen noch immer voller Überraschung, „bin sicher, wir kommen 'türlich gern. Bringen 'nen Stapel Bilderbücher und 'n paar Flaschen Weihwasser mit, nich'!"

Fühlte mich zunächst sehr gut bei der ganzen Sache, aber das verblaßte schnell. Hab mich nicht getraut, Anne zu erzählen, daß Everett kommt.

„Bilderbücher und Weihwasser!"

WAS HABE ICH DA ANGESTELLT?!!

0.30 Uhr. Wollte eigentlich zeitig schlafen gehen, um morgen früh um fünf hellwach zu sein für die Meditation. Wurde leider vom *Snooker-Billard* im Fernsehen abgehalten. Beschloß, ich würde — wenn ich ein berühmter *Snooker*-Spieler wäre — gerne den Kosenamen *Pinkball Plass* tragen.

Ins Bett! Ich habe den Wecker auf 5.30 Uhr gestellt und werde bis halb acht meditieren.

Samstag, 1. März

Wecker explodierte um halb sechs.

Fragte mich einen Augenblick lang, welcher Spinner ihn auf so eine unchristliche Zeit gestellt hat, erinnerte mich dann jedoch, daß ich es selbst gewesen war. Anne wachte halb auf und sagte verschlafen: „Liebling, was machst *du* denn?"

Ich flüsterte: „Schlaf weiter, Anne. Ich geh' nur ein bißchen nach unten und denke ein paar Stündchen über die Ewigkeit nach."

Als ich auf Zehenspitzen das Zimmer verließ, hörte ich ganz genau, wie Anne sagte: „Ich dachte einst, ein ganz normaler Mensch hätte um meine Hand angehalten..."

Kroch die Treppen runter und kniete mich mit trübem Blick im Wohnzimmer nieder. Legte meine Uhr vor mich auf den Boden, um die Meditationszeit nicht über halb acht hinaus zu überziehen.

Begann um Punkt 5.34 Uhr, die Ewigkeit zu betrachten. Hielt die Augen geschlossen und versuchte, mich auf Sachen zu konzentrieren, die unendlich lang weitergehen und nie aufhören. Nicht einfach. Bemerkte, daß meine Gedanken in den Urlaub abdrifteten, sich sodann mit der Frage befaßten, warum man jene grünlackierten Papierkörbe heutzutage viel seltener sieht als früher und sodann das Problem umkreisten, wie wohl die Kreuzung zwischen einer Giraffe und einem Frettchen aussieht. Stellte mir gerade ein Geschöpf vor, das den Körper eines Frettchens hat, dessen Hals jedoch so lang ist, das es den Kopf durch eine Kaninchenhöhle stecken kann, ohne die Beine zu bewegen. In diesem Augenblick erinnerte ich mich an das, woran ich *eigentlich* denken sollte. Ich nahm meine grauen Zellen zusammen und strengte mich wirklich wahnsinnig an. Nach etwa einer Stunde öffnete ich die Augen, um nach der Zeit zu sehen. Es war 5.44 Uhr.

Dachte ungefähr zwei weitere Minuten über die Ewigkeit nach, aber dann bekam ich Kopfschmerzen. Versuchte, wieder ins Bett zu gehen, konnte aber nicht mehr einschlafen. Wieder aufgestanden. Anne kam viertel vor acht die Treppe runter.

Sie sagte: „Ach so, du hast ja meditiert, nicht wahr, Schatz? Wieviel von deinen zwei Stunden hast du denn geschafft?"

„Zwölf Minuten", gestand ich.

Sagte ihr, ich sei zu müde gewesen und hätte Kopfschmerzen gekriegt.

„Du bist ja auch so spät ins Bett gegangen", sagte sie. „Kein Wunder, daß du hundemüde warst!"

Fürchte, ich war den Rest des Tages schlecht drauf und stinkig. Offenbar reichen zwölf Minuten nicht aus, um jenen „ganz speziellen Frieden" für sich selbst und seine Lieben zu produzieren. Verbrachte am Nachmittag geraume Zeit im Garten hinterm Haus und redete mit Brenda, unserer Karnickeldame. Sie hat wahrscheinlich den Eindruck, daß ich gleichzeitig *genervt* und *nervend* bin, aber sie kann's wenigstens nicht sagen.

Sonntag, 2. März

Vergaß heute auf dem Weg zur Kirche, mich am Eck-Kiosk mit Gummibärchen einzudecken. Fühlte mich daher während Edwins Vortrag über die Autorität der Bibel motorisch unterbeschäftigt. Lebte nur etwas auf, als Edwin gegen Ende sagte, einige Bücher der Bibel seien *Apokryphen* und Mrs. Thynn mit lauter Stimme rief: „Besser *abgegriffen* als eingestaubt!"

Verbrachte den Nachmittag und Abend damit, zusammen

95

mit Anne Einladungskarten für die Party zu schreiben. Sieht so aus, als ob wir fürchterlich viele Leute eingeladen haben, Christen *und* Heiden.

Hoffe, daß alles gutgeht. Habe Anne immer noch nichts wegen Glander gesagt. Wenigstens einen Trost gibt es — Onkel Ralph ist nicht eingeladen und wohnt zu weit weg, als daß er es auf anderem Wege erfahren könnte. Das wäre wirklich des Guten *zuviel!*

Fragte Anne gegen Abend, ob sie glaubt, daß jedes Wort der Bibel wahr ist. Sie sagte, sie hätte schon immer mit profunden Zweifeln bezüglich eines bestimmten Strichpunkts ziemlich in der Mitte des Buches Zephanja zu ringen gehabt. Ich sagte, das ist meiner Meinung nach kleinkariert, aber sie lachte bloß schallend und fragte, wie wir wohl Freitag ein allzu intimes Rendezvouz zwischen Thynn und dem Hochprozentigen verhindern könnten. Gute Frage. Wie?

Stellte Gerald später dieselbe Frage bezüglich der Bibel.

„Nun denn", sagte er, „ich neige dazu, im wesentlichen den Ansichten des St. Boglasch von Flinsch zu folgen, der ein faszinierendes 53bändiges Werk über den Gebrauch des Apostrophs in der biblischen Literatur verfaßt hat. Er starb 1371, als ihm die Gesamtausgabe seines Œuvres auf den Kopf fiel, während er tief in seiner Meditation versunken war…"

„Schon gut, schon gut", unterbrach ich ihn. „Brauchst gar nicht weitermachen. So blöd bin ich auch wieder nicht, daß ich nicht weiß, daß es gar keinen Ort gibt, der Flinsch heißt."

Hab' ich dich doch endlich mal gekriegt! Er sah wirklich getroffen aus. Ich *tu* nur ab und zu so, als sei ich geistig ein bißchen minderbemittelt.

Betete am Abend für Kitty. Sicher will Gott nicht, daß jemand wie sie stirbt…

Montag, 3. März

Beim Frühstück sagte Anne: „Ich muß dir was beichten, Schatz!"

Habe nicht oft Gelegenheit, Anne großherzig zu verzeihen. Fühlte mich in gewisser Weise ganz wohl dabei. Beugte mich über den Tisch und nahm ihre Hand.

„Was immer es ist, ich vergeb dir im voraus", sagte ich. Lächelte aufmunternd.

Anne sagte: „Ich habe Onkel Ralph zur Party eingeladen."

Völlig von den Socken! „Anne, was fällt dir ein?" schrie ich. „Bist du des Wahnsinns knusprige Beute? Ralph *senkt* nicht nur das Niveau einer Party, er bringt es *unter den Nullpunkt!* Wie um alles in der Welt konntest du dich zu so einem Schwachsinn hinreißen lassen? Bei dir hat man wohl eingebrochen und vergessen zu klaun? Du blöde, dumme…"

PLÖTZLICH FIEL MIR EIN, DASS ICH EVERETT GLANDER EINGELADEN HABE!!

Konnte sehen, wie Annes Unterlippe bebte.

„Tut mir wahnsinnig leid, Schatz", sagte sie und schluchzte ein bißchen. „Es i-ist eben n-nur, weil er s-so einsam ist und k-keiner ihn mag, und d-da ist es mir p-plötzlich so g-gemein vorgekommen, ihn nicht… ich *weiß*, es war blöd, aber… du hast g-gesagt, du vergibst mir im v-voraus…"

Wußte, ich könnte von Glück sagen, wenn ich dieses Zimmer jemals lebend verlassen würde.

„Oh, ich habe überreagiert", sagte ich lebhaft und mit völlig veränderter Stimmlage. „Schließlich machen wir ja alle ab und zu unsere Dummheiten." Stand auf und bewegte mich unauffällig in Richtung Tür. „Nimm mich zum Beispiel. Du hast vielleicht Onkel Ralph eingeladen, aber ich habe… ich lud… ich habe doch tatsächlich…"

„Oh nein!" sagte Anne. „Nicht den — sicher nicht den! Du willst doch nicht sagen, du hast dieses Ekel Glander zu unsrer Party eingeladen!"

Wir beide fingen glücklicherweise gemeinsam an loszuprusten.

„Onkel Ralph und Everett Glander", sagte ich, „Gott helfe uns!" „Muß er wohl", sagte Anne.

Beim Nachmittagstee bemerkte ich, wie Anne und Gerald miteinander tuschelten. Fragte, was los ist. Anne sagte: „Wie geht es eigentlich deinem Rücken, Schatz?"

„Gut", sagte ich, „warum?"

Sie grinsten sich vielsagend an.

Kurz danach ein weiterer merkwürdiger Vorfall. Elsie kam um halb acht vorbei, um Gerald mitzuteilen, daß William es gemanagt hätte, die Unity Hall schon morgen abend für die Bandprobe zu kriegen anstatt Freitag. Dann blieb sie noch eine Weile, um zu klönen. Ich fragte: „Hat dir Gerald von der riesigen Valentinskarte erzählt, die er dieses Jahr gekriegt hat, Elsie? Irgend so ein kuhäugiges Teenie-Girl muß total auf diesen jungen Mann abgefahren sein. Hol doch mal die Karte, Gerald — zeig sie Elsie! Sie ist sagenhaft! Das arme Ding muß ein bißchen daneben sein. Sie hat Stunden damit zugebracht, die Karte mit Hunderten von Kußmündchen vollzukritzeln. Gerald und ich sind fast ausgeflippt, nicht, Gerald? Wette, du würdest für deinen William nicht so ein Affentheater veranstalten. Hast *du ihm* dies Jahr eine Karte geschickt?"

Merkte plötzlich, als ich aufhörte zu reden, daß diese völlig harmlosen Kommentare äußerst merkwürdige Reaktionen hervorriefen.

Elsie war knallrot geworden und machte ihren Mund auf und zu wie ein Goldfisch. Gerald hatte die Augen zusammengequetscht, als stünde der große Knall unmittelbar bevor. Spürte auf unerklärliche Weise, daß es mit meinem Erika-Berger-Image aus und vorbei war. Anne rief mich just in diesem Augenblick in die Küche, so daß ich keine Chance hatte zu fragen, in welches Fettnäpfchen ich diesmal getreten war.

(*Noch* etwas Seltsames. Als ich in die Küche kam, hatte Anne vergessen, warum sie mich gerufen hat, war aber sauer auf *mich* anstatt auf sich selbst! Ich komme hin und wieder nicht umhin zu denken, daß ich von ein paar sehr absonderlichen Menschen umgeben bin!)

Dienstag, 4. März

Hatte eigentlich nicht geplant, zur Bandprobe zu gehen, aber Anne sagte, so wie die Dinge zwischen Gerald und Elsie stehen, sollten wir lieber anwesend sein. Konnte mir keinen Reim drauf machen, wie sie das meinte, aber da sie meistens recht hat, zogen wir los.

Dicke Luft, als wir ankamen. William Farmer saß auf einem jener minimalistischen Musiker-Hocker in der Ecke und sah wirklich finster wie die Nacht aus; Vernon Rawlings hing über einem Heizstrahler und pulte sich mit einem Plektrum im Ohr; Gerald lehnte an der Wand, starrte zur Decke und pfiff sich tonlos selbst was vor. Keine Spur von Elsie. Was immer der Grund war, das alles wirkte wie eine *äußerst gute Nachricht für den Teufel*.

Wollte gerade irgend etwas sagen, da kam Elsie aus der Damentoilette — mit rotumrandeten Augen und schniefend. Stürzte sich auf mich wie eine Furie.

„Mr. Plass!" deklamierte sie dramatisch. „Sie haben versucht, vor einem Monat William und mich miteinander zu verkuppeln, obwohl Sie doch gemerkt haben müssen, daß wir nie im Leben zusammenpassen…"

„Aber du hast mich doch gebeten…"

„…aber eins kann ich Ihnen sagen, oder besser gesagt, ich fühle mich *innerlich geführt*, Ihnen folgendes mitzuteilen: Sie können versuchen, was Sie wollen, um Gerald und mich auseinanderzubringen, aber wir beide sind füreinander *bestimmt!*"

Blickte entsetzt zu Anne hinüber, aber die schien bereits im Bilde zu sein.

Sie sagte: „Elsie, meine Liebe, wenn du und Gerald miteinander gehen wollt, dann ist das für uns in Ordnung, völlig in Ordnung — ehrlich!"

„In Ordnung…" echote ich heiser.

Elsie ließ uns eine Weile im ungewissen zappeln, um sich dann, nachdem sie offenbar das Gefühl hatte, wir seien hinreichend zermürbt, Gerald zuzuwenden und zu sagen: „Alles wird gut werden, verlaß dich darauf, Gerald-Schatz!"

„Oh ääh... gut, gut!" sagte Gerald. „Ist schon... ääh... gut, Elsie."

Die finstere Gestalt in der Ecke grunzte grimmig.

Anne ging nach hinten, um leise mit William zu reden.

Fühlte mich ehrlich gesagt leicht unwohl. Die Vorstellung, unser Gerald könnte vor einer Art weiblichem Rambo zu Kreuze kriechen, schmeckte mir gar nicht. Hätte mich nicht zu sorgen brauchen. Gerald legte die Hände auf Elsies Schultern, sah ihr tief in die Augen und sagte: „Elsie, da gibt es noch was, was ich dir unbedingt sagen muß. Ich möchte, daß du das immer im Gedächtnis behältst. Versprich mir, daß du nie vergessen wirst, was ich dir jetzt gleich anvertraue!"

Elsies Augen glänzten.

„Natürlich, Gerald! Ich versprech dir, daß ich's nie vergesse!"

„Nun denn..." Er machte eine Pause. Vernon unterbrach sein Gepule.

„Ja, Gerald?" Elsies Augen hätten sich rein anatomisch betrachtet unmöglich weiter aufreißen lassen können.

„Ich möchte, daß du weißt", fuhr Gerald in tiefem, pochendem Tonfall fort, „daß *Schwiegermutter* ein Anagramm ist für *Tuermer schweigt!* Vergiß das nie! Und obendrein" — er senkte die Stimme noch mehr — „ist es umgekehrt ein Anagramm für *Schweiger tuermt!* Denk dran!"

Als wir gingen, verfiel gerade die gesamte Band — einschließlich William, dessen gute Laune plötzlich wie durch ein Wunder wiederhergestellt war — in einen ihrer wahnwitzigen konzertierten epileptischen Anfälle, und alles schien wieder mehr oder weniger in Butter zu sein.

Fragte Anne auf dem Heimweg, was sie zu William gesagt hatte, um einen derart abrupten Klimawechsel herbeizuführen.

„Oh", sagte sie, „Ich habe ihm bloß gesagt, wenn er all die rohe Leidenschaft, die er für Elsie empfindet, in seine Musik packt, dann fehlt ihm nicht viel zu einem christlichen *Meat-loaf*.“

„Was ist ein christlicher *Meatloaf*, um Himmels willen?“

„...und ich sagte ihm: Wenn ich ein Teenie wäre, dann würde ich mich jetzt bei ihm ganz vorne in der ersten Reihe anstellen und froh sein, Elsie von hinten zu sehen, zumal sie ihn doch sowieso nie *wirklich* verstanden hat. Das habe ich ihm gesagt.“

„Was ist ein christlicher *Meatloaf*?“

„Frag später Gerald, Schatz. Er kennt sich da besser aus als ich.“

Fragte später Gerald: „Was ist ein christlicher *Meatloaf*?“

Er sagte: „Mami meint, er könnte mit *Heavy Metal* groß rauskommen. Ich persönlich finde allerdings, daß er keine *Bat-out-of-Hell*-Klassse hat, du etwa?“

Groß mit *Heavy Metal* rauskommen?

Keine *Bat-out-of-Hell*-Klasse?

Drehen wir jetzt alle durch???

Mittwoch, 5. März

Rief Leonard an und machte mit ihm aus, daß wir uns zum Mittagessen treffen (aber in alkoholfreier Umgebung!). Bevor ich auf die Party zu sprechen kam, fragte ich ihn, wie er Edwins Predigt vom letzten Sonntag gefunden hat. Das schien ihm zu gefallen. Passiert ihm nicht oft, daß man ihn nach seiner Meinung fragt. Hat natürlich gleich übertrieben. Lehnte sich lässsig zurück, legte die Fingerspitzen zusammen und versuchte, weise auszusehen.

„Nun, ich saß letzten Sonntag ganz weit vorn.“

„Ja.“

„Darum war ich ganz nah an Edwin dran, als er redete.“

„Ja...“

„Und am Ende habe ich etwas getan, was mir bisher nie gelungen ist.“

„Nämlich...?“

„Ich habe Edwins Zähne gezählt. Er hat 36." Thynn versetzt mich immer wieder in Erstaunen. Es ist eine Schande, wieviel Platz in seinem Hirn völlig ungenutzt bleibt. Gab es auf und fragte ihn, wie er es bei der Party mit dem Trinken halten wolle. Leonard ist ein Party-Fan.

„Na ja", sagte er, „ich probiere gerade ein lagerfreies Alkohol aus, das meine Mutter gefunden hat. Wir Abstinenzler wollen euch Trinker ja nicht in Verlegenheit bringen."

Erst als ich am Abend nach Hause gekommen war, ging mir die Tragweite dessen auf, was Leonard gesagt hatte. Lagerfreies Alkohol? Er hat es genau *umgekehrt* gemeint. Oder? Bitte!!!

Donnerstag, 6. März
8.30 Uhr.
Werde heute nicht viel Zeit finden für Tagebucheinträge. Bis der Hauskreis anfängt, müssen die Party-Einkäufe getätigt sein. Möchte das nicht auf morgen verschieben. Norma Twill rief gerade an und teilte mir mit, daß sie heute nachmittag ein Vorstellungsgespräch bei der *Marshmallow*-Fabrik hat, die dieses elastische süße Zeug produziert. Ich sollte bitte im Gebet an sie denken. Versprach es, sagte aber gleich, daß ich sofort zur Arbeit muß und erst dort beten kann.

22.00 Uhr.
Mir steigt die Schamröte ins Gesicht, wenn ich berichten soll, was heute abend beim Hauskreis passiert ist. Die einzige Entschuldigung, die mir einfällt, ist die, daß Onkel Ralph *nicht wußte*, daß bei uns eine Gruppe im Wohnzimmer saß und betete, als er am Abend ankam. Die Gruppe war gerade mit Doreen Cooks Knie beschäftigt (ich meine natürlich, daß wir dafür beteten, nicht etwa, daß wir draufsaßen), als eine Hand im Rahmen jener Tür erschien, die vom Korridor her ins Wohnzimmer aufgeht. In der Hand befand sich ein Paar zuckrig-rosaner Plastik-Damenbeine, eine Stimme fragte mit französischem Tingeltangel-Akzent: *„Voulez-vouz jig-a-jig?"*

Anne sprang auf, stieß die Hand zurück in den Flur und folgte ihr, wobei sie die Tür hinter sich zuzog. Es kam zu einem kurzen, zischenden Wortgefecht, dann herrschte Totenstille. Bin *ziemlich* sicher, daß jeder die Beine gesehen hat. Bin *absolut* sicher, daß jeder die Stimme gehört hat.

Langes peinliches Schweigen. Man hätte auf meinem Gesicht ein Spiegelei braten können.

War etwas schwierig, sich anschließend nochmals auf das Knie der armen Doreen zu konzentrieren. Anne kam nach einiger Zeit wieder und entschuldigte sich für Onkel Ralph. Sagte, sie hätte ihn ohne Abendbrot ins Bett geschickt. Jeder, außer den Flushpools, lachte und sagte, das sei schon in Ordnung, aber man konnte sehen, daß alle ein bißchen peinlich berührt waren.

Was um alles in der Welt wird er bloß bei der Party anstellen?

Beim allgemeinen Aufbruch nahm mich Norma Twill beiseite und flüsterte aufgeregt: „Ich hab' den Job, Adrian!"

„Job?" fragte ich, „Welchen Job?"

Normas Kinnlade fiel nach unten.

„Du weißt doch, den Job! Du hast doch heute für mich gebetet. Und ich hab' ihn gekriegt! Sie haben mich zu den rosanen und weißen gesteckt. Ich wollte bloß Danke sagen, daß du heut' früh für mich gebetet hast."

„Oh, *den* Job meinst du!" sagte ich gedehnt. „Na klar, *natürlich* weiß ich, was du meinst. Gratuliere! Gut gemacht!"

„Trotzdem danke schön!" strahlte Norma. „Ich bin sicher, dein Gebet hat geholfen."

Müßte ein *sehr* anderer Mensch sein, wenn ich gegenüber Norma zugegeben hätte, daß ich das Beten vergessen habe.

„Ach, laß doch!" protestierte ich bescheiden. „Das war doch gar nichts — wirklich gar nichts!"

Später sehr geknickt. Erklärte es Anne.

„Vielleicht solltest du nicht so schnell so viel versprechen", sagte sie. „Aber gräm dich trotzdem nicht zu Tode. *Du* hast vielleicht nicht gebetet — aber *ich!* Du schuldest mir eine halbe Stunde Gebet!"

Gute alte Anne.

Stinkiger alter Ralph.

Alter Stümper ich.

Wünschte mir, wir wären nie auf die Idee mit der Party gekommen.

Wie es wohl Kitty geht? Möchte lieber nicht nachfragen.

Freitag, 7. März

9.00 Uhr.

Hatte letzte Nacht einen Traum, der zur schriftlichen Verewigung völlig ungeeignet ist. Ist sicherlich von Norma Twills Nachricht ausgelöst worden, sie würde fortan mit diesen rosa und weißen Marshmallows hantieren. War so lebhaft, daß ich ihn eigentlich Anne erzählen wollte. Besann mich eines besseren und ließ es bleiben.

13.00 Uhr.

Setzte mich am Morgen mit Ralph zusammen, um mit ihm den Verhaltenskodex für die Party abzusprechen.

„Also", sagte ich. „Es gibt da ein paar Kleinigkeiten, über die ich mit dir reden will, Ralph. Es geht um sowas wie sich vollaufen lassen, gegenüber Damen schlüpfrige Bemerkungen machen, unanständige Geschichten erzählen, ordinäre Scherze und Spiele veranstalten, die mit Alkohol, Sex oder beidem zu tun haben!"

„Au fein!" sagte Onkel Ralph und rieb sich die Hände. „Du meinst, du willst mit mir die Party planen?"

„Nein", sagte ich, „das meine ich *nicht*, Onkel Ralph. Ich meine ganz im Gegenteil, daß ich nicht will, daß irgend etwas von den genannten Dingen passiert. Viele der Gäste werden junge Christen sein."

„Was bin *ich* dann?" wollte Onkel Ralph wissen. „Ein alter Heide?"

Ja, dachte ich, genau das bist du. „Schau, ich will ja bloß sagen, daß die Leute auf der Party Christen sind und für all das, was ich gerade erwähnt habe, nichts übrighaben. Könntest du also angenehm plaudern, dich auf ein oder zwei Drinks beschränken und einfach — nett sein?"

„Nur plaudern?"

„Ja."

„Ein, zwei Drinks?"

„Ja."

„Keine unanständigen Geschichten?"

„Nein."

„Keine Scherzartikel."

„Nicht einen!"

„Nett sein?"

„Ja bitte!"

Onkel Ralph seufzte, und sein kleines dickes Gesicht bot einen Anblick der Verzweiflung.

„Hört sich für mich aber nicht sehr nach Party an", maulte er. „Na ja, ich will's probieren."

1.00 nachts.

Zu müde, um noch über die Party zu berichten. Werde es

morgen nachholen. Gerald hat abartige Hirnwindungen. Lehnte sich gerade eben in den Türrahmen, gähnte und sagte: „Wußtest du, daß *Doktor Martin Luther* ein Anagramm ist für *Er ruht kalt in Rom: Tod!?*" Um eins in der Nacht!

Samstag, 8. März

11.00 Uhr. Alles aufgeräumt! Das meiste haben allerdings Anne und Gerald gemacht. Sagten, sie hätten mich nicht früher geweckt, weil sie lieber *alle* Putzarbeiten selber machen, als von mir miesepetrig *ein bißchen* unterstützt zu werden. So eine Frechheit! Wurde echt wütend, als sie behaupteten, ich sei am frühen Morgen nicht zu genießen.

Sei es, wie es sei…

Die Party! Was für ein merkwürdiger Abend! Soweit ich mich entsinnen kann, gestaltete sich der Lauf der Ereignisse folgendermaßen. Verdient es, detailliert festgehalten zu werden, scheint mir:

19.45 Uhr. Noch keiner da. Hatte schon Angst, daß niemand kommt. Rannte nach nebenan, um von Percy Brain ein paar Extragläser zu borgen. Fragte ihn, ob er kommt. Sagte, er käme, sobald die Stimmung ein bißchen „angewärmt" sei. Aber keiner will jemals das „Anwärmen" übernehmen!

20.00 Uhr. Kam zurück und hörte Lachen und Gläserklirren aus dem Wohnzimmer. Plötzlich tauchte Onkel Ralph im Korridor auf, strahlte wie ein Honigkuchenpferd und hatte ein großes Glas Scotch in der Hand.

„Also, Alter, muß schon sagen, deine christlichen Freunde sind nicht übel. Der erste ist grade gekommen und hat 'ne Flasche Whiskey mitgebracht — das hier hat er mir eingeschenkt. Hat mir gleich diese wahnsinnig komische Geschichte über General Custer und eine Makrele und ein paar Indianer erzählt. Also, da ist dieser Typ und…"

„Ich kenne den Witz!"

Ich Unglücksrabe! Everett Glander und Onkel Ralph mußten sich natürlich gleich am Anfang der Party in die Arme laufen. Fühlte eine Katastrophe herannahen, zumal Leonard Thynn als nächster Gast erschien und vier Dosen mit (zum Glück) alkoholfreiem Lagerbier anschleppte. In seinen Augen befand sich bereits ein aufgeregtes Funkeln.

Die nächste Stunde glich einem Alptraum. Anne und ich verbrachten die Zeit damit, abwechselnd Neuankömmlinge zu begrüßen und ins Wohnzimmer zurückzurennen, um Leonard vom Trinken abzuhalten und Onkel Ralph mit Everett daran zu hindern, die Veranstaltung ins Schweinische umzufunktionieren. Flüchtete mich schließlich nach oben und versteckte mich ein paar Minuten lang im Schlafzimmer, um Lärm und Gewühl zu entkommen. Merkte urplötzlich, daß der Radau abgeebbt war. Anne öffnete die Tür und sagte: „Komm und sieh!"

Ging runter und lauschte von draußen an der Wohnzimmertür. Nur eine einzige Stimme war zu vernehmen. Machte die Tür so leise wie möglich auf und schlich mich auf Zehenspitzen in eine Ecke. Frank Braddock saß in einem Lehnstuhl ganz am Ende des überfüllten Zimmers, hielt ein Bierglas in der einen und die unvermeidliche Pfeife in der anderen Hand und sprach im Plauderton zu den übrigen Gästen, die seinen Ausführungen mit angespannter Aufmerksamkeit zu folgen schienen.

„Er war *damals* eine Nervensäge", sagte er, „und er ist *heute* eine Nervensäge. Er erlaubt dir nicht, ein paar angepaßte Systemchen zu entwickeln und sie *Kirchen* zu nennen, und er macht auch nicht mit, wenn man vier Sitzungen pro Woche abhält, in denen diskutiert wird, was man in den Sitzungen nächste Woche machen will. Wenn man *so was* will, kann einem Jesus ganz schön auf die Pelle rücken. Er sagt unangenehme und schwierige Sachen wie *Liebe deine Feinde!* oder *Lade die Leute ein, die wirklich mal was zu essen brauchen!* oder *Liebe Gott über alle Dinge!* Alles bei ihm geht fürchterlich in diese Richtung. Sie haben ihn damals nicht kleingekriegt, und du kriegst ihn heute nicht klein, aber ich sage Ihnen eins..."

107

Braddock lehnte sich vor und zerteilte die Luft mit dem Pfeifenstiel. Seine Augen sprühten vor Begeisterung. War erstaunt zu sehen, daß Everett Glander und Onkel Ralph dasaßen und zuhörten wie kleine Schuljungen.

„…wenn du wirklich bereit bist, den Preis zu zahlen, dann gibt's keinen anderen, der es wert ist, daß man ihm nachläuft. Und dann gibt's auch nichts anderes, was sich wirklich lohnt!"

Braddock nahm einen langen zufriedenen Schluck aus dem Glas und lehnte sich in den Sessel zurück.

Mrs. Flushpool, die auf einem harten Stuhl ganz am Rand des Zimmers saß, war sich selbst zum Trotz sichtlich beeindruckt, aber noch nicht vollständig gewonnen.

„Mr. Braddock", sagte sie, „würde Ihre Botschaft nicht wesentlich an Glaubwürdigkeit gewinnen, wenn Sie von berauschenden Getränken und schädlichen Substanzen, wie zum Beispiel Tabak, Abstand nehmen würden? Stenneth und ich trinken oder rauchen niemals. Die Schrift enthält schwerwiegende diesbezügliche Warnungen!"

(Stenneth?!)

Braddock blies eine lange Rauchkette gegen die Decke.

„Also die Schrift", sagte er, „die Schrift fordert tatsächlich diejenigen auf, deren Glaube Freiheit in solchen Dingen zuläßt, daß sie mit dieser Freiheit behutsam umgehen, um diejenigen nicht zu gefährden, die einen schwächeren Glauben haben und deshalb vollständig abstinent leben."

Er hatte sein Glas und die Pfeife erhoben. „Meine liebe Mrs. Flushpool, falls Sie mein Trinken oder mein Rauchen unerträglich in Versuchung führt, werde ich vor Ihren Augen nie wieder trinken oder rauchen. Sagen Sie's nur!"

„Stenneth und ich stehen nicht in der Versuchung, zu trinken, zu rauchen oder irgendeinem anderen Laster zu frönen", sagte Mrs. Flushpool.

„Amen dazu!" sagte Mr. Fluspool mit einem Hauch von Wehmut in der Stimme.

Braddock fuhr bis 23.30 fort, zu den anwesenden Gästen zu sprechen. Keiner betrank sich, Onkel Ralph fühlte sich sichtlich wohl, Everett Glander sah sehr nachdenklich, aus als er ging, und alle anderen Gäste betonten, wie sehr sie den Abend genossen hätten. Edwin fragte Frank Braddock, ob er nicht Lust hätte, irgendwann einmal in unserer Gemeinde zu predigen. Frank sagte, das würde er gern tun, wenn Edwin dafür einmal in seinen Klub mitkäme, um eine Runde *Snooker-Billard* mit ihm zu spielen. Edwin lachte und war einverstanden.

Als Frank ging, fragte ich: „Zu welcher Kirche gehören *Sie*, Frank?"

„Zu einer stinknormalen Ortsgemeinde", sagte er, „aber..." Er grinste, „... ich benutze das Wort *Kirche* genauso gern als *Tätigkeitswort* wie als *Hauptwort*. Bis bald! Danke für die Party. Nacht!"

Verstand das letzte nicht ganz.

(Kein Mensch heißt *Stenneth*, oder? Wirklich?)

Bill und Kitty Dove waren beide zur Party eingeladen gewesen, obwohl wir natürlich im voraus wußten, daß sie nicht kommen würden. Rief heute abend Bill an und hoffte, er würde sagen, Kitty ging's besser. Keine Veränderung. Nicht besser, nicht schlechter. Müssen einfach abwarten.

Sonntag, 9. März

Würde es nie laut sagen, aber es geht mir nicht aus dem Sinn, daß die Tatsache, Stenneth Flushpool zu heißen, *plus* der Umstand der Verehelichung mit Mrs. Flushpool schon eine außergewöhnliche Pechsträhne darstellen.

Onkel Ralph ist ziemlich bald abgereist, nachdem er mir noch einmal die Hand geschüttelt und mir dabei mit einer infernalischen Apparatur, die in seiner Faust versteckt war, einen elektrischen Schlag versetzt hat.

Sah zu, wie er verschwand, eine kleine rundliche Gestalt mit einem kleinen rundlichen Sturzhelm auf einen kleinen rundlichen Roller. Fragte mich, ob Gott wohl auch ihn liebt. Hoffe es.

Sah Gerald heute nur in der Kirche.

Den Rest des Tages war er mit Elsie irgendwo unterwegs. Als er abends nach Hause kam, wartete er einen günstigen Augenblick ab, in dem Anne das Zimmer verließ, und sagte dann: „Papa, ich muß dir einen starken Witz erzählen. Onkel Ralph hat in mir erzählt, bevor er heut früh gefahren ist. Es geht um diesen General Custer. Also, dieser Mann…"

„Ich habe ihn schon gehört."

Dieser Witz ist wie eine Wespe. Ich muß dauernd nach ihm schlagen.

Montag, 10. März

Wünschte, Gerald und Anne hätten nicht andauernd diese privaten Witzeleien miteinander. Heute früh fragte Gerald: „Wie geht's deinem Rücken, Papa?"

„Gut", antwortete ich. „War nie besser. Muß am Wetterumschwung liegen. Warum?"

Gekicher! Dann fragte Gerald: „Wußtest du schon, daß *Himmelfahrt* ein Anagramm ist für *Hm… Er half mit!?*"

„Nein", sagte ich, „was hat das damit zu tun?"

Gekicher!

Edwin rief am Abend an und fragte uns, ob wir seine kleine Nichte Andromeda für ein paar Tage aufnehmen können, solang ihre Mama im Krankenhaus ist. Er fügte aus irgendeinem Grund hinzu, daß Andromedas Mama, Mrs. Veal, eine flammende christliche Feministin ist. Waren natürlich einverstanden, das kleine Mädchen zu nehmen. Wir sind kinderlieb. Klingt zwar nach Selbstbeweihräucherung, aber ich kann ziemlich gut mit den Kleinen umgehen. Freu mich schon drauf.

Dienstag, 11. März

Richard Cook kam am Abend vorbei. Brachte den jungen Charles mit, der während seines zweiten Trimesters an der „Bibelschule Tiefe Freude" ein paar Tage frei hat. Was für ein Unterschied im Vergleich zu jenem trübseligen jungen Mann, der Mitte Januar bei uns war! Fast ein bißchen zu *viel* Unterschied für meinen Geschmack. Blickte mich und Anne mit diesem Ich-durchschaue-euch-weil-ich-für-den-Herrn-brenne-Ausdruck an, den gewisse Leute ab und zu im Gesicht tragen. Hoffte sehr, Gerald taucht nicht auf. Er ist verliebt und schnoddriger denn je. Charles war gerade inmitten seiner Ausführungen darüber angelangt, wie der Heilige Geist *wirklich* wirkt, als Gerald hereinplatzte.

„Grüß dich, Charlie, alter Knabe", sagte er, „wie stehn die Aktien in eurer Marionetten-Fabrik?"

Anne und ich erstarrten, weil wir wußten, wie sehr sich Richard aufregen kann, aber Charles blickte nur sehr, sehr geduldig und lud Gerald für morgen abend zu einer hiesigen Veranstaltung seines Instituts ein.

„Ich habe die Gewißheit", sagte Charles bedeutsam, „daß dort deinen tiefsten Sehnsüchten in mächtiger Weise begegnet wird, Gerald."

„Oh", sagte Gerald, „willst du damit sagen, sie haben 'ne Bar?"

Noch mehr Geduld seitens Charles, ein strenger Blick seitens Richard. Gerald hob die Hand und sagte: „In Ordnung, ich geb auf, ich geb auf! Ich komme mit zu dem Abend!"

Hoffe, daß alles gut geht...

Mittwoch, 12. März

Andromeda Veal — sieben Jahre alt — ist eingetrudelt!

Klein, aber powervoll! Konversation besteht in erster Linie aus der Redewendung: „Ich fürchte, ich finde das gar nicht komisch!" Kleidung übersät mit absonderlichen Abzeichen. Wollte nicht fragen, was die alle bedeuten.

Beim Zubettgehen fragte ich sie, ob sie ein paar kleine Puppen-Freundinnen zum Kuscheln mitgebracht hat. Daraufhin nannte sie mich ein Werkzeug der sexistischen Männerherrschaft und einen Geschlechtsrollenfixierer. Fand das etwas geschmacklos, hatte aber keine Gegenargumente parat und verzichtete deshalb darauf, eine Debatte über diesen Punkt vom Zaun zu brechen. So eine Unverschämtheit! Kochte innerlich, als Anne sie endlich ins Bett verfrachtete.

Möchte bloß wissen, wie es Gerald bei der frommen Veranstaltung geht. Er ist momentan ziemlich empfindlich, wegen Elsie und...Elsie. Hoffe, es geht ihm gut.

Donnerstag, 13. März

Gerald beim Frühstück sehr bedrückt. Sagt, der Redner des gestrigen Abends, ein Mensch namens Bernard Brundle, hat eine spezielle Berufung für Leute, die sich bisher aus irgendeinem Grunde weder miserabel noch schuldbeladen fühlen. Jetzt fühle er sich *sowohl* als *auch.*

Andromeda brachte einen Großteil des Vormittags damit zu, Anne auf jene Aspekte unseres Lebensstils hinzuweisen, die dem sozialistischen Ideal nicht Genüge tun. Anne meint, als Jesus uns aufgefordert hat, wir sollten wie die Kinder werden, dürfte er zuvor kaum der jüdischen Zwillingsschwester von Andromeda Veal begegnet sein. Zum Glück ist Andromeda ganz heiß auf Geralds Stereo-Walkman. Sie ist allerdings ein bißchen konfus. Nennt ihn andauernd „Geralds persönliches Problem". Macht nichts. Hauptsache, sie ist beschäftigt. Mußte am Abend beinahe ans Bett genagelt werden. Ein ermüdendes Kind!

Hauskreis wurde heute von „meinem" Bekehrten Ted geleitet.

Erstaunlich! Er ist schon weiter als ich. Aber schließlich hat er auch keine Familie, nicht wahr?

Beteten während des Treffens für Kitty. Geht ihr offensichtlich schlechter.

Freitag, 14. März

Gerald bot an, Andromeda am Abend „stillzulegen", bevor er zur Bandprobe geht. Sagte, er hätte einen Plan. Nach nur zwei Minuten herrschte oben absolute Ruhe. Wartete, bis Gerald wieder nach unten kam und fragte ihn, was er gemacht hat.

„Oh", sagte ich, „ich habe ihr nur gesagt, wenn sie nicht schlafen geht, kommt *die schwarze Person* und holt sie. Sie hatte keine Angst, ließ sich aber foppen."

Mach mir noch immer Gedanken um Gerald. Ziemlich niedergeschlagen seit diesem Abend letzten Mittwoch. Gar nicht er selbst.

Anne und ich beteten heute abend ziemlich lang für ihn und für Kitty.

Samstag, 15. März

Ernsthaft in Sorge um Gerald! Habe ihn noch nie so bedrückt erlebt. Als ich aus der Stadt nach Hause kam, erzählte er mir, daß Charles kurz zuvor vorbeigeschaut hatte, um zu überprüfen, ob er auch ja keinen Rückfall in seine frühere Unbekümmertheit erlitten hat. Er möchte heute abend nicht einmal Elsie sehen, weil er fürchtet, sein Trübsinn könnte ansteckend sein.

Traf Andromeda nachmittags auf der Treppe. Sie fragte mich, wann ich endlich Anne aus der Unterdrückung entlassen würde. Anschließend stand sie vor dem Klo und wartete darauf, daß ich rauskomme und ihre Frage beantworte. Ich kann es *auf den Tod* nicht leiden, wenn Leute vor der Klotür stehen und quengeln und scharren und stöhnen, während ich *drinnen* bin!!

Beendete meinen Aufenthalt vorzeitig, fand Geralds *Personal Stereo Walkman* und stülpte Andromeda den Kopfhörer mitten in ihrem Wortschwall über die Ohren.

Endlich Friede!

Kleine Überraschung am Abend. Edwin rief an und erwähnte zufällig, daß der morgige Gastprediger Bernard Brundle ist, jener Mensch, dessen Rede vor ein paar Tagen Gerald so runtergezogen hat! Sagte nichts zu Edwin, war aber ein bißchen beklommen. Wie wird Gerald auf eine zweite Dosis reagieren?

Sonntag, 16. März

Mit Anne, Gerald und Andromeda zur Kirche.

Sagte Gerald das mit Brundle, aber er meinte, er kommt lieber mit zur Kirche und fühlt sich schuldig, als zu Hause zu bleiben und sich schuldig zu fühlen, weil er nicht zur *Kirche* gegangen ist, um sich dort schuldig zu fühlen. *Denke*, ich verstehe, was er meint.

Andromeda war während der ersten Hälfte des Gottesdienstes aufmerksam und geradezu unheimlich still. Kam mir vor, als ob ich neben einem kleinen Teekessel mit Pferdeschwanz sitze, der ganz langsam zu sieden beginnt.

Ich verstehe jetzt, wie es Gerald mit Brundle ergangen ist. Gegen Ende seiner Rede nahm dieser Mensch einen leeren Stuhl, stellte ihn vorne für alle sichtbar in die Mitte und sah uns auf eine An-sowas-habt-ihr-noch-nie-gedacht-gell?-Weise an.

„Stellt euch vor, Jesus würde jetzt genau auf diesem Stuhl sitzen!" sagte er. „Wäre euch nicht entsetzlich zumute? Würdet ihr nicht versuchen, das Gesicht zu verhüllen und euch selbst zu verbergen, wenn ihr an all das in eurem Leben denkt, was nicht so ist, wie es sein sollte?"

Bemühte mich wirklich sehr, mich entsprechend mies zu fühlen, brachte es aber nicht fertig. War einfach zu begeistert von der Vorstellung, Jesus leibhaftig zu begegnen. Beweist wieder mal, was für einen langen Weg ich noch vor mir habe, scheint mir.

Beim Chorus-Singen begann der kleine Kessel überzukochen.

Andromeda kletterte auf ihren Stuhl, reckte ihr Kinn nach

vorn und krähte aus Leibeskräften: „SIE-E-E-E IST HE-E-E-R...R." Raymond Pond, unser Organist, der sich in letzter Zeit eigentlich ziemlich stabilisiert hatte, wurde kopflos und modulierte zu „Heimat, deine Berge" hinüber. Wäre alles halb so schlimm gewesen, wenn nicht ein paar Leute angefangen hätten, mit erhobenen Armen und verklärtem Gesichtsausdruck einzustimmen. Vernon Rawlings war total ergriffen und rief laut: „Wir wollen diese Gemsen sein für *dich*, Herr!"
Schließlich versandete alles. Andromeda triumphierte. Gerald hatte vor Lachen Tränen in den Augen. Anne und ich höchst peinlich berührt.

Edwin kam am Abend vorbei, um Andromeda wieder abzuholen. Sagte, man müßte sich keine Sorgen machen — er kennt seine Nichte von kleinauf.
Erleichtert zu sehen, daß Geralds Lebensgeister wieder völlig hergestellt sind. Als wir am Abend alle eine Tasse Kakao tranken, sagte er: „Der Stuhl heut früh hat mir *zugeblinzelt!*"

Montag, 17. März

Mrs. Veal rief bei *Morgengrauen* an. Klingt wie Andromeda hoch drei. Sie wollte wissen, weshalb Andromeda ein „persönliches Problem" verlangt, wie es Gerald hat.

Erklärte alles und lachte.

Sie sagte: „Ich fürchte, ich finde das gar nicht komisch!" und legte auf.

Anne und ich waren wirklich wie erlöst, als ich am Abend einen Zettel von Gerald auf dem Kopfkissen vorfand.

Lieber Papa,
wußtest Du schon,
daß *Simon and Garfunkel*
ein Anagramm von
Fang an, Mirakel-Sound!
ist?
Alles Liebe, Gerald.

Endlich wieder normal. Dank dir, Gott!

Dienstag, 18. März

Genoß gestern abend die Veal-lose Atmosphäre und entspannte mich bei einem wundervollen Buch mit dem Titel „Zweitausend Dinge, die man wissen muß, um das siegreiche christliche Leben zu führen". Geschrieben von einem gewissen Carlton S. Calhoun III., der offenbar Amerikaner ist. Besonders angerührt von dem Abschnitt übers Geben. Es fällt mir wie Schuppen von den Augen! Als ich Mr. Brain das Geld zugesteckt habe, hatte ich völlig falsche Motive. § 1416 des Buches sagt, wir müßten frohgemut geben, ohne einen Gedanken an Belohnung oder an etwaige Widerwärtigkeiten. Erklärte das Ganze heute beim Frühstück Anne und Gerald.

Gerald sagte: „Kann ich deinen Schinken haben?"

Anne sagte: „Die Waschmaschine macht so ein komisches Geräusch. Ob du die für mich reparieren kannst?"

Warum nehmen mich die Leute nicht ernst?

Mittwoch, 19. März

Edwin rief mich an, um zu fragen, ob ein kleines Team am Samstag abend unser Haus benutzen kann, um den Ostergottesdienst vorzubereiten. Stimmte frohgemut und ohne etc. etc. zu. Es funktioniert!

Anne brachte schon wieder die Waschmaschine aufs Tapet. Ich fragte: „Ja, läuft sie denn, Anne?"

Sie sagte: „Das schon, aber…"

Also ehrlich! Frauen!

Donnerstag, 20. März

Nahm mit einer leisen Spur von Interesse wahr, daß Gloria Marsh heute abend mal wieder im Hauskreis erschien. Beim Kaffee erwähnte sie beiläufig, daß ihr Auto in die Werkstatt muß und sie deshalb die nächsten beiden Tage Beförderungsprobleme hat. Ich mußte über den unglaublichen Umstand sinnieren, daß sie ausgerechnet an dem *einen* Abend, an dem sie zum Hauskreis kommt, ein Problem hat, das ich beheben kann. Welch großartige Gelegenheit, zu geben ohne etc. etc. Sagte ihr ohne zu zaudern, daß sie unsern Wagen haben kann. Das nenne ich eine Überraschung! Sie protestierte sogar noch, als ich ihr die Schlüssel überreichte. Gab mir einen Kuß auf die Wange. Denke, die arme hilflose Seele erblickt in mir so etwas wie eine Vaterfigur.

Sah plötzlich, wie mich Anne wütend durch die Durchreiche anstarrte. Muß ihr das Buch zeigen. Sie scheint vom Geben keinen Schimmer zu haben.

Freitag, 21. März

Frostige Stimmung am Frühstückstisch. Fragte Anne, warum sie nichts sagt.

Sie antwortete: „Spare mir meine Energie für den *Fußmarsch* in die Stadt nachher."

Erzählte ihr, was Mr. Calhoun über das Geben ohne etc. etc. sagt.

117

Sie meinte: „Schön, aber du gibst, ohne an *meine* Widerwärtigkeiten zu denken, nicht an deine! Die ist doch gestern abend nur wegen dem Wagen gekommen, und jetzt hat sie ihn!"

Entsetzt über diese lieblose Einschätzung Glorias. Ich für mein Teil beabsichtige jedenfalls, frohgemut zu bleiben, was auch immer geschieht.

Samstag, 22. März

Wetterlage noch immer kühl. Dachte plötzlich daran, daß ich vergessen habe, Anne über das heutige Teamtreffen bei uns zu informieren. Versuchte Gerald zu bewegen, es ihr zu sagen, aber der wollte nicht. Teilte es ihr schließlich durch die Durchreiche mit.

Sie sagte: „Eigentlich macht das nichts aus. Ohne Wagen können wir sowieso nichts Großes unternehmen, dann kann ich auch gleich den ganzen Tag hierbleiben und ein bißchen was für den Abend herrichten."

Hörte, daß Gerald irgendwo im ersten Stock „Ringe recht, wenn Gottes Gnade dich nun ziehet" trällerte. Sehr witzig — finde ich gar nicht!

Sitzung begann um halb acht. Anwesend waren Edwin, Leonard Thynn, Richard Cook und George Framer. Gerald bat darum, ein Minütchen dabeisein zu dürfen, weil er eine Idee hätte. Irgend jemand erlaubte es ihm.

Gerald sagte: „Also! Hier ist mein Vorschlag für den Ostergottesdienst. Wir ziehen einen Draht von einem Ende der Kirche zum anderen. Kurz vor Schluß des Gottesdienstes lassen wir dann ein riesiges künstliches Huhn über die Köpfe der Leute hinwegschweben. Und dann, wenn es genau in der Mitte angekommen ist, legt es ein großes Ei in den Mittelgang. Wenn das Ei landet, zerspringt die Schale und — das ist jetzt der *eigentliche* Gag — Richard kommt zum Vorschein und hat ein flauschiges gelbes Kükenkostüm an. Er steht auf und ruft ‚Neues Leben!' Dann lassen wir 20 oder 30 lebendige Hühnerküken auf die Gemeinde los, damit es für alle ein echtes *Erlebnis* wird. Was meint ihr dazu?"

Allgemeines Lächeln bis auf Richard, der wie zur Salzsäule erstarrt in angespannter Aufmerksamkeit dasaß und ein ungegessenes Wurstbrötchen vor dem geöffneten Mund balancierte. Dachte, Gerald könnte es diesmal zu weit getrieben haben. Richard legte die Wurstsemmel langsam nieder und sah Gerald mit feierlichem Ernst an. Dann sagte er: „Und woher kriegen wir die Küken?"

In diesem Augenblick prustete uns der dumme Thynn mit Blätterteigpartikeln voll. Man mußte ihm auf den Rücken klopfen und ein paar Schluck Wasser einflößen.

Eines Tages bringe ich Gerald um!

Im Anschluß gute Sitzung. *Ich* soll beim Gottesdienst am Ostersonntag ein Zeugnis geben.

Wagen immer noch nicht da. Anne einsilbig. Wenn schon. Gloria wird ihn bestimmt morgen früh wiederbringen. Bin nach wie vor frohgemut!

Sonntag, 23. März

Fühlte mich heute in der Kirche unwohl. Konnte nicht mal lächeln, als George Farmer sagte, nach dem nächsten Chorus wolle er eine spontane Woge des Beifalls hören.

Auf dem Heimweg fuhr unser Wagen an uns vorbei, mit Gloria und mehreren Herren drin, die allesamt sangen und lachten. Einige von ihnen schienen Flaschen in der Hand zu haben.

Anne sagte: „Schau, die arme hilflose Seele hat eine Art Wohltätigkeitsausflug organisiert."

Wagen am Abend noch immer nicht da. Las abermals den Ratschlag von Mr. Calhoun und faßte Mut. Wer bin ich, daß ich andere richte?

Anne sagte im Schlaf „Waschmaschine".

Montag, 24. März

Auto noch immer nicht da.

Dienstag, 25. März

Auto nicht da. Bürgerkrieg droht. Anne sagt, ich soll zu Gloria gehen und sie fragen, was sie sich eigentlich denkt. Geht nicht. Hab' Schiß. Betete statt dessen.

Mittwoch, 26. März

ICH WILL MEIN AUTO WIEDER!!!

Wenn dieser Idiot Calhoun hier wäre, würde ich ihn bei Gloria vorbeischicken, damit er den Wagen holt, und anschließend würde ich ihm einen rechten Haken verpassen, der sich gewaschen hat — und zwar frohgemut und ohne Gedanken an Belohnung oder Widerwärtigkeiten.

Gründonnerstag, 27. März

10.00 Uhr.

In drei Tagen soll ich ein christliches Zeugnis geben, und ich hasse alle Menschen, die mir begegnen!

WO IST MEIN VERDAMMTES AUTO?!?!

18.00 Uhr.

Gloria an der Tür. Brachte den Wagen zurück. Sagte, die Reparatur ihres Autos hat ein *Ideechen* länger gedauert, als sie gedacht hat, und sie hofft, daß mir das nichts ausmacht. Außerdem hätte sie mit einem gräßlichen anderen Auto einen *klitzekleinen* Zusammenprall gehabt, und davon rühre dieser *winzige* Kratzer an einem der Kotflügel. Aber sie sei ja *so* dankbar, vor allem dafür, daß sie am Sonntag mit ein paar lieben Freunden etwas unternehmen konnte, die sonst nicht viel rauskommen. Und das alles nur, weil ich in puncto Auto so ein Traummärchenprinz gewesen sei.

Räusperte mich laut, um Annes heftiges Schnauben aus der Küche zu übertönen. Ging raus und sah mir den Wagen an, als sie gegangen war.

Er klebte traurig am Rinnstein. Sah erschöpft und vorwurfsvoll aus. Der winzige Kratzer entpuppte sich als ansehnliche Beule. Anne und Gerald kamen auch raus.

Anne sagte: „Sie hat ihm das Rückgrat gebrochen."

Gerald sagte: „Tja, Papa, da hat dich Jane Mansfield wohl ausgesaugt!"

Hatte *meine* Schnauze so voll, daß ich ihm nicht mal *seine* verbat.

Verbrachte nach dem Hauskreis zwei Stunden damit, ein leeres Blatt Papier anzustarren. Zeugnis? Ich? Phhh!!!

Freitag, 28. März

Karfreitag.

Anne ist sehr lieb, aber ich fühle mich bloß noch saudumm und unnütz. Gebet kommt mir vor, als ob ich in einen Betonkübel plärre. Wird sich auch bis Ostern nicht ändern. Habe Horror vor diesem Zeugnis. Muß wohl irgendwas erfinden.

Niemand hat sich jemals so gefühlt wie ich heute abend.

(N.B. Muß mir doch mal diese Waschmaschine ansehen.)

Samstag, 29. März

9.00 Uhr.

Rief Edwin an und fragte, ober er nicht jemand, der gerade auf geistlichem Höhenflug ist, um ein Zeugnis bitten kann anstatt mich. Er sagte sanft, aber mit Nachdruck: „Du machst das. Erzähl einfach, wie's dir geht. Sei ehrlich."

Mir graut davor.

(Hätte fast die Waschmaschine angesehen. Wagte es im letzten Moment doch nicht.)

10.30 Uhr.

Wer sollte schon wieder anrufen, wenn nicht Gloria Marsh! Ob sie Anne sprechen könnte? Als sie fertiggeredet hatten, sagte Anne: „Gloria muß ganz unerwartet sofort in die Klinik. Sie hat furchtbare Angst und fragt, ob ich nicht mit ins

Krankenhaus kommen und auf sie aufpassen kann, damit sie nicht allein ist."

Ich sagte: „Na, ich wette, du hast ihr eine kurze, knappe Antwort gegeben!"

„Habe ich", sagte Anne, „ich habe ja gesagt. Muß sofort weg. Komme irgendwann nach dem Tee zurück."

Traute meinen Ohren nicht.

„Aber was ist mit Brenda Rawlings und dem Kino heute nachmittag?" fragte ich. „Du freust dich doch schon seit Wochen drauf. Und das ganze Affentheater mit dem Wagen? Du hast gesagt…"

Anne lächelte mich auf diese seltsame Weise an, die sie manchmal draufhat. Kam und gab mir einen Kuß. Dann sagte sie: „Schatz, geh hin und repetier § 1416."

Machte ich.

Muß Gloria ein paar Blumen schicken.

Schrieb mein Zeugnis.

Spielte Scrabble mit Gerald. Er gewann, weil er unanständige Wörter benutzte.

Sonntag, 30. März

Ostern!!

Dankte Gott in der Kirche in aller Stille für Jesus und Anne. Mehr oder weniger dasselbe tat ich auch in meinem Zeugnis. Kam mir komisch vor, in der Kirche die Wahrheit zu sagen. War aber gut! So glücklich, daß ich fast getanzt hätte. (Aber nur fast!)

Montag, 31. März

Erstes wirklich fröhliches Frühstück seit langer Zeit. Gerald verkündete, daß mein Name ein Anagramm von *nass, da April* sei. Allgemeine Heiterkeit.

Gute Stille Zeit. Werde mich nie wieder runterziehen lassen!

Dienstag, 1. April

8.30 Uhr.

Gerald muß mich für völlig unterbelichtet halten.

Weil ich weiß, daß er einen Brieffreund in Norditalien hat, legte ich einen Brief aus Rom still zur Seite, worin ich aufgefordert werde, das Amt des Vize-Papstes zu übernehmen und mir ein Gehalt von einer Million Lire die Woche geboten wird, dazu soviel Fisch, wie ich essen kann. Ich werde jetzt zur Arbeit gehen, in dem beruhigenden Wissen, daß ich unbeschädigt aus dem alljährlichen Versuch meines Sohnes hervorgegangen bin, mich am 1. April zum Idioten zu machen.

9.15 Uhr.

Drei Personen, die auf dem Weg zur Arbeit zunächst hinter mir liefen, überholten mich, drehten sich dann um und sahen mir ins Gesicht, lachten und schüttelten mir die Hand. Sah in den Spiegel, sobald ich im Geschäft war und stellte fest, daß auf meinem Rücken ein großer Zettel klebte. Auf dem Zettel stand:

„WENN SIE DAS GESICHT DIESES MANNES AN EIN ENTTÄUSCHTES KAMEL ERINNERT, DANN SCHÜTTELN SIE IHM BITTE DIE HAND."

Mitunter denke ich, Geralds Sinn für Humor bedarf der Veredelung.

Mittwoch, 2. April

Am Morgen wieder viel Freude an der Stillen Zeit. Das Leben könnte nicht besser sein. Kann mir nicht vorstellen, daß irgend etwas schief gehen kann.

20.30 Uhr.

Alles ist schiefgegangen!

Am Abend standen plötzlich die Flushpools vor der Haustür. Setzten sich in Zweierreihe aufs Sofa. Sagten, sie fühlten sich innerlich geführt vorbeizukommen, nachdem sie mein Zeugnis gehört haben.

Ich fragte: „Was ist mit meinem Zeugnis?"

123

Mrs. Flushpool sagte: „Sie haben uns mitgeteilt, daß Ihre Ehe eine Zeitlang ins Lager Satans geraten ist."

Ich sagte: „Ich kann mich nicht erinnern, daß ich das gesagt habe."

Anne sagte: „Sie meint, daß du gesagt hast, bei uns sind in letzter Zeit ein paarmal ganz schön die Fetzen geflogen."

Mrs. Flushpool schien das zu überhören. Sie sagte: „Der Herr hat uns beauftragt Sie zu fragen, ob Sie physische Probleme beim Akt der Vereinigung haben. Wir beide haben eine spezielle Berufung für jene Menschen, die... physische Probleme beim Akt der Vereinigung haben."

Völlig verwirrt. Sagte ihnen, daß ich keiner Vereinigung angehöre.

Er sagte: „Wir sprechen im Hinblick auf die Dinge des Fleisches, Bruder."

Zu meiner Überraschung stand Anne plötzlich auf und sagte: „Tut mir schrecklich leid, Mr. und Mrs. Flushpool. Ich glaube nicht, daß wir Ihnen behilflich sein können. Es muß Leute geben, die solche Probleme haben. Ich bin sicher, Sie werden jemanden finden. Guten Abend! Geleite die Herrschaften doch bitte zur Tür, Schatz!"

Manchmal frage ich mich wirklich, ob ich ein bißchen schwer von Begriff bin. Fand mich plötzlich an der Haustür, wo ich die Flushpools verabschiedete, ohne überhaupt zu wissen, was überhaupt das Thema gewesen war. Mrs. Flushpool schien aus irgendeinem Grund fast ärgerlich zu sein. Aber sie lächelte mich dennoch im Hinausgehen süßlich an, hielt auf der Schwelle nochmals inne und sagte: „Darf ich Ihnen in aller Liebe etwas sagen, lieber Bruder Adrian?"

Dachte: Bloß nicht! Sagte: „Ich bitte darum."

Sie sagte: „Ihnen ist doch klar, daß Ihr Zeugnis eigentlich gar kein Zeugnis wahr, nicht? Beschreibungen davon, wie Sie gegenüber unserem Herrn versagt haben, dienen wohl kaum Seiner höheren Ehre, oder? Ich hoffe wirklich, daß die Dinge zwischen Ihnen und der *lieben* Anne bald wieder ins rechte

Lot kommen. Gute Nacht, mein Lieber, und Gott segne Sie."

Fühlte mich äußerst ungemütlich, als sie weg waren. Vielleicht hat sie recht. War ich *zu* ehrlich? Wahrscheinlich war ich das...

Donnerstag, 3. April

Sie hat recht. Ich habe Gott am Sonntag verleugnet.

Freitag, 4. April

Niemand hat sich je so mies gefühlt wie ich heute abend. Anne und Gerald merken nichts. Warum nicht?

Samstag, 5. April

Ostern scheint ewig weit weg. Fühl mich wirklich *down*. Was hat Gott von einem Trottel wie mir?

Versuchte den ganzen Abend, elend auszusehen und *gleichzeitig* tapfer fröhlich zu sein. Schließlich fragte Anne: „Ist alles in Ordnung, Schatz?"

„Oh ja", log ich heroisch. „Mir geht's gut, mach dir keine Sorgen um mich."

„Na, Gott sei Dank!", sagte sie. „Dann geh ich jetzt ins Bett."

Die scheint mir zu glauben!!!

Sonntag, 6. April

Gerald erschien mit Augenrändern, aber ansonsten stillvergnügt am Frühstückstisch. Gab bekannt, daß *Rotkaeppchen* ein Anagramm von *kroch Etappen* oder *Pracht-Epen? O.k.!* ist. Anne lachte lauthals. Ich brachte einen passablen Seufzer des Erschauderns zuwege. Sie bemerkten es nicht mal!!

Nur gut, daß ich nicht der Selbstmitleids-Typ bin.

Zur Kirche.

Warum erlaubt man George Farmer, Gottesdienste zu leiten? Forderte uns auf, uns während des Chorussingens umzusehen und unsere christliche Liebe jedem Bruder und jeder

Schwester zum Ausdruck zu bringen, der oder die uns ins Auge fiel.

Stöhnte innerlich.

Starrte wie fixiert auf die Overhead-Projektions-Leinwand und verdrehte meine Augen dabei in einer Weise angestrengt nach oben, als sei mir der Text so unbekannt, daß ich keinen abschweifenden Blick riskieren könnte. Als ich doch einen Moment lang zur Seite blinzelte, wurde ich vom schwesterlichen Augenaufschlag der hübschen Norma Twill durchbohrt. Versuchte, auf brüderliche, Ich-bin-so-froh-im-Herrn-Weise zurückzulächeln, aber einer meiner Gesichtsmuskeln verweigerte plötzlich den Dienst. Mein Mundwinkel fiel nach unten und verzerrte meine Physiognomie zu einem abstoßend eindeutigen Grinsen, während eines meiner Augen unkontrolliert zu blinzeln begann. Norma erbleichte zunächst, sah aber dann sofort verständnisvoll und mitleidig aus. Mir wurde siedend heiß klar, daß sie in diesem Moment an mein sogenanntes „Wollust-Problem" vom letzten Dezember denken mußte!

Beim anschließenden Kaffee sagte ich: „Tut mir leid, Norma, aber einer meiner Gesichtsmuskeln war verklemmt."

Sie bog sich vor Lachen.

Später zu Hause erzählte ich Anne, Gerald und Thynn (der gekommen war, um sich aus irgendeinem aberwitzigen Grund unsere Katze zu borgen) von Norma. Manchmal komme ich mir vor wie eine wandelnde Ein-Mann-Komödie. Hatte wieder mal die Lacher auf meiner Seite!

Montag, 7. April

Immer noch down.

Stille Zeit *zu* still.

Betete um ein Zeichen der Ermutigung. In diesem Augenblick klingelte es an der Tür. Rannte ganz gespannt die Treppe runter. Es handelte sich um Leonard Thynn, der die dämliche Katze zurückbrachte.

Dienstag, 8. April
Gott auf Urlaub…
(Wozu borgt man sich eine *Katze*?)

Mittwoch, 9. April
Edwin rief an, um zu bestätigen, daß der Hauskreis morgen abend bei uns stattfindet. Wahrscheinlich ist das das einzige, wofür ich gut bin — anderen ein Haus zur Verfügung zu stellen, in dem sie fromm sein können!
(Eine Katze???)

Donnerstag, 10. April
Hauskreis begann wie üblich um acht. Setzte mich bewußt in Türnähe auf den Boden, um nötigenfalls fliehen zu können.

Begannen mit einer Diskussion über Euthanasie. Die taube Mrs. Thynn schockierte jedermann, indem sie sagte, sie fände so etwas absolut wundervoll und würde sich freuen, wenn ihre Enkelkinder das von Anfang bis Schluß sehen könnten.

Allseitiges gelähmtes Schweigen, bis Anne plötzlich kicherte und sagte: „Sie denkt, es handelt sich um einen Walt-Disney-Film." Allgemeines Aufatmen, außer von Richard Cook, der offenbar gerade dabeigewesen war, direkt aus der Hüfte mehrere Salven Bibelzitate abzufeuern.

Diskussion zog sich zäh dahin.

Ließ meine Augen während der Gebetszeit offen. Alle anderen geschlossen in „Shampoo-Haltung", wie Gerald das nennt. Fragte mich, wie viele es wohl ernst meinen. Kam zum Schluß, daß es nicht viele sind.

Edwin blieb am Ende noch da. Sagte, er will noch ein bißchen „plaudern". Fühlte mich etwas nervös. Edwin *weiß* bestimmte Sachen manchmal einfach.

„Kopf hoch!" sagte Edwin. „Ich habe eine kleine Aufgabe, die ich dir antragen will."

Panik!!! „Was ääh… für eine Aufgabe denn, Edwin?"

„Na ja, ich denke — auch wenn ich nicht hundertprozentig sicher bin —, also ich *denke*, der Herr will, daß du die Leitung eines Hauskreises übernimmst."

Begann sofort zu radebrechen, daß ich doch so schlecht und unnütz und nicht intelligent genug bin. Edwin unterbrach mich.

„Ich hatte diesen Einfall zum ersten Mal während deines Zeugnisses zu Ostern. Hat mich sehr beeindruckt, wie ehrlich du warst. Hat vielen Leuten geholfen, weißt du."

Wollte etwas sagen, aber er hob die Hand um mich zu stoppen.

„Sag jetzt nichts. Denk drüber nach und gib mir morgen Bescheid. Frag *Ihn*!"

23.45 Uhr.

Habe eben im Bett mit Anne gebetet.

Sie sagte: „Ich glaube, Edwin hat recht."

Gefällt mir, wenn sich Anne so sicher ist.

„Ja", sagte ich, „ich auch."

Saß eine Weile da und dachte/grübelte/freute mich. Plötzlich fiel mir ein, was ich Anne eigentlich fragen wollte.

„Anne, warum wollte sich Leonard die Katze borgen...?"

Sie schlief wie ein Stein.

1.30 Uhr.

Immer noch wach. Hoffe, meine Gruppe ist nicht zu schweigsam. Hoffe, George Farmer ist in meiner Gruppe. Der hält sie in Schwung...

Freitag, 11. April

Rief als erstes heute früh Edwin an und teilte ihm meine Entscheidung mit. Er klang sehr zufrieden. Erzählte es Gerald beim Frühstück. Er machte keine *dumme* Bemerkung!

Ich bin Hauskreisleiter!

Ich *bin* Hauskreisleiter!!

Ich bin *ein* Hauskreisleiter!!!

Ich bin ein *Hauskreisleiter*!!!!

Dankte Gott in der Stillen Zeit dafür, daß ich nicht stolz bin. Konnte mich dennoch eines neuen Gefühls der Bedeutsamkeit nicht erwehren. *Ich!* Hauskreisleiter! So so!

Samstag, 12. April

Lächerlicher Vorfall heute morgen, gerade als ich dabei war, mein neues Empfinden einer tiefen geistlichen Würde ein wenig auszukosten. War gerade dabei, abzuwaschen und dabei an meinen ersten Hauskreisabend als Leiter (kommender Donnerstag) zu denken, als ich meine Hand ins Spülwasser steckte und mir mit dem Brotmesser gemein in den Daumen schnitt. Fing gleich an, ziemlich stark zu bluten.

Gerald, der abtrocknete, fragte: „Wie hast du denn *das* fertiggebracht, Papa?"

„Na, einfach so", sagte ich und steckte die andere Hand in die Spüle. Schnitt mir auch in den zweiten Daumen. Endete mit absurden weißen Verbandsknollen über *beide* Daumen.

Anne und Gerald beide sehr anteilnehmend, mußten aber abwechselnd das Zimmer verlassen, um sich auszuschütten. Peinlich, peinlich!

Wette, Billy Graham stand nie mit zwei knollig bandagierten Daumen vor seinem Publikum. Wirft mich schon früh im Rennen ein gutes Stück zurück. Bin auch ziemlich nervös, wenn ich an die Kirche morgen früh denke. Weiß schon, was passiert. Leonard Thynn wird gackern, Doreen Cook wird versuchen, meinen Daumen die Hände aufzulegen, und alle anderen werden sehr teilnahmsvoll sein und mich insgeheim fragen wollen, wie in aller Welt ich es geschafft habe, mir *beide* Daumen zu blessieren.

Sonntag, 13. April

Welche Erlösung. Edwin rief frühmorgens an, um mitzuteilen, daß heute kein Gottesdienst ist. Gab mir eine Liste mit Namen (*mein* Hauskreis!), die ich anrufen soll, um ihnen die Nachricht weiterzusagen. Fragte ihm, weshalb die Kirche

129

ausfällt. Er sagte: „Da gab's Durcheinander bei der Belegung der Unity Hall. Eigentlich hat keiner wirklich schuld, aber der Ortsverein der Papageienzüchter hat heute vormittag die Räume."

Als ich das Gerald erzählte, meinte er: „Na ja, dann geht's da heute früh ja auch nicht anders zu als sonst."

Nun, da ich eine verantwortungsvolle Position in der Gemeinde innehabe, will ich Gerald derart närrische Kommentare nicht mehr durchgehen lassen. Warf ihm einen Blick zu, der fundamentale Annahme mit liebevollem, aber entschlossenem Tadel zu verbinden suchte.

Gerald sagte: „Die Daumen machen dir die Hölle heiß, was, Papa?"

Er zog ab, um Elsie zu treffen, bevor ich ihm gehörig den Kopf waschen konnte.

Beschloß am Nachmittag, daß für mich als Hauskreisleiter eine dramatische Verbesserung meines Gebetslebens angesagt ist. Nehme mir vor, in Zukunft *jeden* Abend zwei volle Stunden zu beten, sobald Anne im Bett ist. Zwei Stunden sollten reichen — will nicht übertreiben.

1.30 Uhr.

So weit, so gut. Betete von 23.15 Uhr bis 1.15 Uhr. Fühle mich müde, aber mystisch. Muß so weitermachen.

Montag, 14. April

Eine ziemliche Schande, daß sich Anne und Gerald so gar keine Mühe geben, auf andere Rücksicht zu nehmen — so wie ich mir Mühe gebe mit dem Beten. Der Aufstand, den sie heute früh gemacht haben, bloß weil ich ein bißchen länger schlafen wollte!

Vergab ihnen.

Sieben Leute in der Firma fragten mich unabhängig voneinander, wie ich „das mit den Daumen gemacht" habe. Everett Glander stellte über die Ursache meiner Verletzungen Vermutungen an, die man nur als geschmacklos bezeichnen kann. Wäre ich kein Christ und Hauskreisleiter, ich würde Glanders Kopf durch den Reißwolf drehen.

Hoffe, diese Verbände sind bis Donnerstag ab.

Wollte spät am Abend meine Sondergebetszeit anberaumen, wurde aber vom Viertelfinale der Nordost-Liga von Bedfordshire im Hallenkegeln abgelenkt, die ihm Fernsehen übertragen wurde. Auf einmal ist es 1.00 Uhr nachts! Zu müde zum Beten. Warum habe ich das Kegeln angeguckt anstatt zu beten? Ich bin selber *Nicht*-Kegler! Kegeln *interessiert* mich überhaupt nicht!

Na gut — morgen werde ich es *richtig* machen.

Dienstag, 15. April

18.00 Uhr.

Hörte gerade noch Gesprächsfetzen von Gerald am Telefon, als ich gerade heimkam.

„…und dann, Elsie — *dann* hat er auch noch die *andre* Hand reingesteckt und — oh! Hallo, Papa…"

Sollte die Bibel damit recht haben, daß langes Leben auf Erden vom Respekt vor den eigenen Eltern abhängt, kann Gerald von Glück sagen, wenn er es noch bis Samstag macht, geschweige denn die biblischen Siebzig erreicht.

2.00 Uhr.

Wirklich, wahrhaftig und ehrlich, ich *hatte* heute abend vor zu beten. Blieb an einem langen albanischen Film mit Untertiteln kleben, der in einer Küche spielte. Dachte die ganze Zeit, jetzt muß doch irgendwas passieren, tat es aber nicht, und irgendwann war der Film plötzlich aus.

Kroch ins Bett…

Mittwoch, 16. April

Fühlte mich beim Frühstück groggy und griesgrämig.

Anne fragte: „Wie geht's deinen Gebetsnächten, Schatz?"

Konnte ihr nicht in die Augen sehen. „So lala", murmelte ich.

Gerald fragte: „Hast du gestern größtenteils in Zungen gebetet, Papa? Ich hätte schwören können, daß ich gehört habe,
wie du ewig lang albanisch geredet hast."

Schlief heute im Büro ein.

Leonard kam vorbei, als ich nach dem Abendbrot in meinem Sessel ein Nickerchen hielt. Er zeichnete mit Filzstift
kleine Gesichter auf meine Daumenverbände und schrieb
darunter: „*Thynn war hier!*" — auf beide! Anne und Gerald lie-
ßen ihn einfach gewähren! Sie saßen alle da und grinsten
dämlich, als ich aufwachte. Thynn kann bisweilen sehr albern
sein. Er schlug vor, alle Mitglieder des Hauskreises sollten ihre Daumen bandagieren — wie eine Geheimgesellschaft. Gerald schlug vor, als Titelmelodie des Abends sollten wir das
Spiritual „*Daum' by the Riverside*" singen.

Donnerstag, 17. April

War wild entschlossen, die Sache mit dem Beten endlich
hinzukriegen. Kniete mich um 23.00 Uhr hin und schloß die
Augen. Wurde um 4.00 Uhr von Anne geweckt und ins Bett
abtransportiert. Anne wirkte nicht übertrieben verständnisvoll.

Schlief während der Arbeit wieder ein. Glander bespritzte
mich mit kaltem Wasser, und als ich mich schüttelte und von
der Schreibtischplatte hochfuhr, behauptete er, er hätte mich
von den Toten auferweckt.

So müde!!

Ging nach Hause und fand Anne mit diesem Okay-diese-
Sache-wird-jetzt-augenblicklich-auf-die-Reihe-gebracht-Ge-
sichtsausdruck.

Sie fragte: „Schatz, jetzt sag mir bloß mal, warum du nicht
zeitig schlafen gehen kannst, um dann morgens früher aufzustehen und zu beten."

„Och", sagte ich, „ich steh nicht gerne auf…"

„Also gut!" sagte Anne, „Und ich kann es nicht leiden,
wenn mir jeden Morgen ein schuldgebeugter, erschöpfter

und desillusionierter Mystiker über den Weg läuft. Außerdem..."

Sie lächelte scheu.

„Ich... na ja, ich vermisse dich nachts. Kannst du es wenigstens nicht mal andersrum *probieren*? Bloß eine Zeit lang?"

Versprach, ich will es versuchen.

22.00 Uhr.

Mein erstes Treffen als Hauskreisleiter ist vorbei.

Kein besonders guter Anfang heute abend. Abgesehen von meinem Erschöpfungszustand und der Tatsache, daß diese lächerlichen Verbände noch immer drauf sind, muß mit den Gruppenmitgliedern seit letzter Woche eine mysteriöse Veränderung vor sich gegangen sein. Als wir das letzte Mal zusammenkamen, waren die meisten von ihnen freundlich, pflegeleicht und kooperativ im Blick auf die Gruppenziele. Diese Woche hingegen waren sie borniert, unpünktlich (einige jedenfalls), am Anfang kaum zur Ruhe zu bringen und überhaupt sehr unbeteiligt.

Wäre Thynn am liebsten an die Gurgel gesprungen. Er hat so eine Art, einen Witz überzustrapazieren. Er ging am Anfang auf jeden zu, der neu ins Zimmer kam und sang: „Mit siebzehn kann man noch *däumeln...*", wobei er mit einem dummen, einfältigen Gegrinse auf mich deutete.

Frage mich, weshalb ich nie zuvor bemerkt habe, was für ein rebellischer Haufen dieser Hauskreis ist. Als es endlich losging, bemerkte ich, daß Norma Twill während der Chorusse nur unzureichend fröhlich war, daß Vernon Rawlings mitten während der Schriftlesung gähnte und daß Percy Brain während der Gebetsgemeinschaft die Augen aufließ.

Anderthalb Stunden lang tiefe Stille, während ich eine Bibelarbeit über „Die Bedeutung des Obstes im Alten Testament" hielt. Fragte am Ende, ob es noch irgendwelche Fragen gibt. Langes, ein wenig enttäuschendes Schweigen, bis die junge Bessie Trench die Hand hob.

„Ja, Bessie", sagte ich, „was hast du auf dem Herzen?"

Freute mich doch sehr, daß wenigstens *ein* Mensch zugehört hatte.

Bessie verknotete ihre Finger ineinander und räusperte sich.

Dann sagte sie: „Wie ist Ihnen denn das mit Ihren Daumen passiert?"

22.15 Uhr.

Gehe ins Bett. Scheint zwar lächerlich früh zu sein, aber...

Freitag, 18. April

9.00 Uhr.

Um 6.00 Uhr aufgestanden! Gute Gebetszeit. Bin froh, daß ich auf den Morgen gegangen bin. Fragte Anne beim Frühstück, warum es mir ihrer Meinung nach die Leute mit Absicht so schwer machen, wo ich jetzt Hauskreisleiter bin.

Sie lachte.

„*Die* haben sich nicht geändert, Schatz. Aber *du!* Du bist jetzt Leiter. Bisher haben dich die vielen kleinen Macken der anderen nicht gestört. Jetzt bemerkst du alles und denkst, es hat was damit zu tun, was sie für dich empfinden. Sie sind übrigens nicht dazu da, damit *du* dich besser fühlst; du bist dazu da, *ihnen* zu dienen — nicht umgekehrt."

Ja... schon... vielleicht...

Verbände entfernt, bevor ich heute zur Arbeit ging, Gott sei Dank! Keine albernen Kommentare mehr. Wunderbar!

18.00 Uhr.

Kleiner Junge hielt mich auf dem Nachhauseweg an...

„Du Onkel! Barum sin' deine Daumen danz weiß un' knittrich un' die übriche Hand nich'?"

(Trau mich zur Zeit einfach nicht, Bill Dove anzurufen, um mich nach Kitty zu erkundigen.)

Samstag, 19. April

Anne und Gerald sind schon früh mit dem Auto los, um für ein paar Tage Mick und Samantha Rind-Smythe zu besu-

chen, die früher in Frank Braddocks Haus gewohnt haben.
Kann leider nicht mit, weil ich arbeiten muß. Kurz vor der
Abreise hat mir Anne nochmals eingeschärft: „Was du auch
sonst machst — vergiß nicht, das Kaninchen zu füttern, und
wenn du vielleicht einen Blick auf die Waschmaschine wer-
fen könntest — das wird immer schlimmer. Hauptsache ist
aber das Kaninchen. Du wirst Brenda *nicht* vergessen, ja?"

Wirklich — als wäre ich ein Vollidiot! Ich mag mich ja
sonst nicht viel um Brenda, unsere Kaninchendame, kümmern (gewöhnlich füttert Anne sie), aber ich werde kaum
vergessen, ihr was zu fressen zu geben.

Leonard Thynn kümmert sich um die Katze. Anne sagt, er
hätte sie schon wieder ausgeborgt. Muß dran denken, daß ich
Anne frage, wozu…

Sonntag, 20. April

Habe gestern glatt vergessen, das Kaninchen zu füttern. Die
alte Miss Seed, deren Garten an den unseren grenzt, kam
heute früh an die Haustür und hatte Brenda im Arm, die aus
ihrem Verschlag ausgebrochen war und die Nacht damit zugebracht hatte, Miss Seeds „edelstes" Gemüse zu vernaschen.
Miss Seed ziemlich ärgerlich, unterm Strich dann aber doch
ganz versöhnlich. Versprach, den Verschlag zu verstärken.
Besserte ihn notdürftig aus.

Zur Kirche.

Sehr herausfordernde Predigt von Edwin. Kurz (zwei
Gummibärchen), aber gut. Sagte, wir sollten jede Gelegenheit
nutzen, bei unseren unmittelbaren Nachbarn Zeugnis abzu-
legen. Percy Brain und Frank Braddock sind schon Christen,
bleibt nur noch Miss Seed, mit der wir bisher kaum ein Wort
gewechselt haben. Dachte daran, wie wundersam es doch ist,
daß gerade jetzt via Kaninchen diese Verbindung zustande
gekommen ist. Beschloß, nach dem Mittagessen Kontakt mit
Miss Seed aufzunehmen.

Kam von der Kirche nach Hause. Sah vom Fenster im ersten Stock aus, daß Brenda in Miss Seeds Blumenbeet saß und sich mit weiteren Edelgewächsen mästete. Kroch unter der Hecke am Ende unseres Gartens entlangt, klapperte mit dem Futter im Freßnapf und zischte: „Komm zurück, Brenda! Ich habe Herrschaft über dich!"

Brenda muß die betreffende Bibelstelle unbekannt sein.

Versteckte mich im Haus, mußte aber nach wiederholtem Klopfen doch an die Tür. Miss Seed mit einer Riesenschramme an *einem* Arm und Brenda unter dem *anderen*. Diesmal äußerst kühl. Ich plapperte läppische Entschuldigungen daher wie: „Kommt nie wieder vor... etc. etc." Nicht ganz der rechte Moment zum Evangelisieren...

Kann nichts mehr in Sachen Kaninchenstall unternehmen, bis morgen die Läden aufmachen. Habe Brenda für die Zwischenzeit mit ins Haus genommen. Alles wird eitel Wonne sein, solange ich die Vorder- und Hintertür geschlossen halte.

Montag, 21. April

10.00 Uhr. Im Geschäft.

Ging heute früh nach der Gebetzeit hinters Haus, um zu sehen, was ich für den Stall brauche. *Diesmal* werde ich nichts falsch machen! Schloß die Vordertür extra sorgfältig hinter mir ab, als ich zur Arbeit ging. Ich werde auf dem Nachhauseweg Maschendraht und Krampen besorgen, und damit wird das Problem gelöst sein.

22.00 Uhr.

Kam von der Arbeit heim und entdeckte, daß ich die *Hintertür* aufgelassen hatte. Rannte durchs ganze Haus, hoffend gegen alle Hoffnung, daß Brenda doch noch irgendwo ist. Massen von kleinen schwarzen Kügelchen, aber kein Kaninchen. Erspähte sie schließlich durch die Hecke hindurch. Sie schaute mich blasiert an, während ihr die Überreste von Miss Seeds Viktualien auf beiden Seiten zum Hals heraushingen und ihre dämlichen langen Ohren wie zwei schwarze Ausrufezeichen nach oben standen.

Fiel bei der Vorstellung fast in Ohnmacht, Miss Seed abermals Angesicht zu Angesicht gegenüberzustehen. Betete um die Wiederkunft Christi. Kein Glück. Telefon klingelte. Miss Seed. Sie sagte, es sei ihr klar, daß mich das irritiert, aber sie habe dennoch nicht die Absicht, den Rest ihres Lebens damit zu verbringen, die Gaumenfreuden meines Kaninchens zu kultivieren. Ob ich es vielleicht holen könnte — und zwar sofort! Fing Brenda nach einer langen und würdelosen Jagd ein, die von einer Reihe von erfolglosen Luftsprüngen meinerseits markiert war. Schob den Stall ganz dicht an die Ziegelsteinmauer im Hinterhof und hämmerte zwei Lagen von dichtem Maschendraht drüber. Brenda saß drinnen und brütete über Plänen, als sei sie ihr eigenes Ein-Karnickel-Flucht-Komitee. Aber diesmal kommt sie nicht raus! Endlich alles gesichert! Das Leben schien in letzter Zeit nur noch aus großen dicken schwarzen Kaninchen zu bestehen.

Dienstag, 22. April
10.00 Uhr. Im Geschäft.
Wachte auf und fühlte mich endlich wieder im inneren Gleichgewicht. Ging in entspannter Seelenlage zur Arbeit. Jetzt, wo ich mich nicht mehr um das Kaninchen sorgen muß, kann ich mir wieder mehr Gedanken über den Hauskreis machen. Außerdem habe ich fast vergessen, daß meine ursprüngliche Absicht war, mit Miss Seed über den Glauben zu reden, und daß ich das noch immer nicht gemacht habe. Sobald ich nach Hause komme, rufe ich sie an.
19.30 Uhr.
Rief Miss Seed gleich nach meiner Heimkehr an. Ich sagte: „Miss Seed, es gibt da etwas, was ich gerne mit Ihnen teilen würde."
„Außer Ihrem Kaninchen, meinen Sie?" fragte sie eisig.
Mir wurde heiß und kalt.
„Sie meinen… Sie meinen doch nicht…"
„Doch, Mr. Plass. Ich *meine*."

137

Erfuhr zu meinem Entsetzen, daß sich Brenda — in welchem Super-Kaninchen-Kostüm auch immer, das sie sich überwirft, wenn keiner guckt — zwischen Mauer und Maschendraht hindurchgequetscht haben muß, um anschließend triumphierend in Nachbarins Garten zu sprinten und abermals über Miss Seeds üppige Vegetation herzufallen.

„Ich nagle den Stall an die Mauer", versprach ich wildentschlossen.

„Weshalb nageln Sie nicht lieber das Kaninchen an die Mauer?" schlug Miss Seed sauertöpfisch vor.

Dauerte über eine Stunde, bis ich Brenda hatte. Kaum war ich in Miss Seeds Garten, hopste das Karnickel im großen Satz über die Hecke in unseren. Rannte um die Hecke herum zurück in unseren Garten, um Brenda gerade noch durch die Hecke hindurch in Miss Seeds Garten entwischen zu sehen. Sprang wiederum um die Ecke... etc. etc. Ich schwöre, das Vieh hat mich mit seinen beiden großen Schneidezähnen hämisch angegrinst, während ich ihm matt nachtaumelte. Kam nach Hause und war völlig geschlaucht — und ein eingefleischter Kaninchen-Hasser.

Nagelte den Verschlag an die Mauer.

Mittwoch, 23. April

Die ganze Nacht schlimme Träume. In einem wurde ich von einem riesigen Kaninchen gejagt, das sich in dem Augenblick, als es mich hatte, in Richard Cook verwandelte und sagte: „Gib mir zu fressen! Gib mir zu fressen!"

Wachte um 5.00 Uhr auf. Sah ab viertel nach fünf alle 15 Minuten nach, ob Brenda noch da ist. Mußte nicht zur Arbeit. Als Anne und Gerald heute endlich zurückkamen, war ich ein Nervenwrack. Erzählte Anne die ganze Geschichte mit dem Kaninchen und ließ mich dann in einen bequemen Sessel fallen, während sie raus ging und den Kessel aufsetzte. Alles sieht gleich viel ruhiger und sicherer aus, wenn Anne da ist.

Kurz danach kam Gerald rein und sagte: „Mensch Meier, Papa! Du hast das Karnickel ja wahrhaftig hinter Schloß und Riegel gesetzt!"

Nickte matt.

„Hab' das Vieh auf 'ne kleine Hoppelrunde raus gelassen", sagte Gerald, „nur um…"

Stürzte mich mit einem heiseren Schrei auf seine Gurgel: „Du hast *was*…?!!!"

„War nur 'n Witz, Papa! Nur 'n Witz… Mama hat mir alles erzählt…"

Brachte ihn nicht um.

Rief Miss Seed an, nachdem ich mit Anne geredet hatte. Anne schlug vor, zunächst einmal Freundschaft zu schließen und sich erst *dann* Gedanken übers „Zeugnis" zu machen.

„Beurteilen Sie mich bitte nicht nach meinem Vorleben, was das Zurückhalten von Kaninchen betrifft, Miss Seed", flehte ich telefonisch.

„Solange Sie mich nicht nach meinem Vorleben beurteilen, was das Zurück*weisen* von Kaninchen betrifft", antwortete sie.

Wir lachten und verabredeten uns für morgen zum Kaffee.

Donnerstag, 24. April

Verbrachte einen Teil meiner Gebetszeit damit, über das nachzudenken, was Anne letzten Freitag gesagt hat. Sie hat ganz recht! Meine Aufgabe ist es, dem Hauskreis zu dienen, anstatt ihnen zu sagen, was sie zu tun und zu lassen haben oder über sie zu Gericht zu sitzen. Man braucht ja bloß mich und das Kaninchen zu nehmen. „Wer von euch ohne Kaninchen ist… etc."

Nein… von jetzt an werde ich den Mitgliedern meines Hauskreises voll und ganz zur Verfügung stehen, bereit und willens, mich für sie voll und ganz aufzuopfern, wenn es die Not gebietet. Halleluja! Als ich das alles Anne gegenüber äu-

139

ßerte, blickte sie komischerweise etwas bewölkt drein. Wahrscheinlich ist es immer so: Wenn man geistlich einen Schritt nach vorn tut (obschon in aller Demut), wie ich es nach meinem Empfinden getan habe, dann muß das auf andere ein bißchen bedrohlich wirken.

Habe mich entschlossen, allen Hauskreismitgliedern einen vervielfältigten Brief auszuhändigen, in dem ich meine Dienste als christlicher Freund und Ratgeber zu jeder Tages- und Nachtzeit anbiete. Verbrachte die Zeit zwischen Heimkehr von der Arbeit und Hauskreisbeginn damit, dem Schreiben den letzten Schliff zu geben und den Abend vorzubereiten. Fürchte, ich mußte Anne ein- oder zweimal etwas scharf anreden. Sie motzt immer noch wegen der Waschmaschine und wegen ein paar Klümpchen Kaninchendung, die sich neulich festgetreten haben. Ich spüre, daß der Herr nicht will, daß ich mich ausgerechnet jetzt mit so was abgebe.

22.00 Uhr.

Was für ein wunderbarer Abend! Wir wurden alle in machtvoller Weise gesegnet! (Thynn behauptet, er nicht, aber ich habe ihm gesagt, er sei auf eine Weise gesegnet worden, die er nicht versteht.)

Mein Brief wurde mit großer Begeisterung aufgenommen. Erstaunt, daß bereits *heute abend* zwei Leute mit Problemen auf mich zukamen, die in den allernächsten Tagen gelöst werden müssen!

Es gibt so viel Not in der Welt! Ich höre den Ruf! Ich bin bereit!

Freitag, 25. April
Unterwegs. Norma Twill: neue Waschmaschine.

Samstag, 26. April
Wieder unterwegs. Percy Brain: Zweifel.

Sonntag, 27. April

Kirche.

Unterwegs: Norman Simmonds — Möbel umräumen.

-„- : Norma Twill — Waschmaschine nachsehen.

-„- : Taube alte Mrs. Thynn — mußte ihr erklären, daß ihr alter Nachbar Mr. Verge (dem sie mit einem von Leonards Rockerstiefeln eins über die Rübe gegeben hatte) gesagt hat, er will den *Streit mit ihr aus der Welt schaffen*, und nicht, er will eine *Zeit mit ihr in 'nem Zelt schlafen.*

Montag, 28. April

Unterwegs. Vernon Rawlings: sexuelle und angrenzende Probleme.

Dienstag, 29. April

Unterwegs. Hauskreisleitertreffen! (Ich bin einer!)

Mittwoch, 30. April

Unterwegs. Stenneth Flushpool: eine Partie Domino, während Mrs. Flushpool unterwegs war. Sehr begeistert. (Er, meine ich.)

Donnerstag, 1. Mai

Vor dem Hauskreis unterwegs: Ephraim Trench, schwangere Kuh. (Hatte versehentlich mich statt dem Tierarzt angerufen.)

Großartiger Hauskreis. Erinnerte alle nochmals daran, daß ich jederzeit für sie da bin.

Freitag, 2. Mai

Unterwegs. George Farmer: Gebet in Sachen Obst.

Muß meine morgendliche Gebetszeit etwas beschneiden, um Energie für kirchliche Arbeit an den Abenden einzusparen.

141

Samstag, 3. Mai

Unterwegs. Norma Twill: Nochmals Waschmaschine nachsehen.

Sonntag, 4. Mai

Kirche.
Unterwegs.

Montag, 5. Mai

Unterwegs.

Dienstag, 6. Mai

Unterwegs.

Mittwoch, 7. Mai

Unterwegs.

Donnerstag, 8. Mai

Unterwegs — Hauskreis — unterwegs.

Freitag, 9. Mai

Unterwegs.

Samstag, 10. Mai

Habe erstmals wieder Gelegenheit, etwas mehr ins Tagebuch zu schreiben. Das Leben ist wunderbar! Hauskreisleiter zu sein ist ein wirkliches Vorrecht. Habe mich noch nie so demütig gefühlt. Ständig mit seelsorgerlichen Aufgaben beschäftigt. Halleluja!

Muß leider sagen, daß Anne und Gerald keine echten Stützen sind. Anne scheint von diesem Defekt in der Waschmaschine besessen zu sein. Gibt es wichtigeres als den Dienst des Herrn?

Was Gerald betrifft — wenn der noch einmal sagt: „Halt dein Toupet fest, Mose!" kann er was erleben!

Sonntag, 11. Mai

Kirche. Kann die Leute nicht verstehen, die nicht regelmäßig zum Gottesdienst kommen. Hinterfrage wirklich, wie verbindlich sie sind. Macht das Leben für uns Leiter so schwer. Gerald war auch nicht da. Sagte, er hätte Halsschmerzen und wollte sich von ihnen erholen. Komische Art, sich auszudrücken.

Am Abend brachte Anne schon wieder die Waschmaschine zur Sprache. Erinnerte mich plötzlich an Percy Brains Ohrenschmerzen. Fühlte mich innerlich geführt, rüberzusausen und mit ihm zu beten. Blieb lange und hörte mir Percys theatralische Geschichten an. Köstlich! Ging und hatte das Gefühl, ein bißchen Sonnenschein ins einsame Leben des alten Junggesellen gebracht zu haben. Gegen Mitternacht wieder zu Hause. Anne stand da und wusch im Ausguß Wäsche!

Ich sagte: „Anne, meine Liebe, die Schrift lehrt, daß der Leib der Tempel des Heiligen Geistes ist. Hätte das nicht früher geschehen können?"

Keine Antwort, aber irgendwas an ihrem Rücken sagte mir, daß sie angespannt zuhörte. Gleich ins Bett. Im Bruchteil von Sekunden eingeschlafen.

Montag, 12. Mai

Räumte am Abend zusammen mit Leonard das Wohnzimmer der Thynns um. Blieb hinterher für eine Partie Scrabble. Hielt das für richtig, weil es den Aufbau der zwischenmenschlichen Beziehung fördert.

Spät zu Hause. Fand einen Zettel von Gerald, auf dem stand, daß *Papst Johannes Paul* ein Anagramm von *Lust? Hosjanna-Pappe!* ist. Zerriß ihn. Dulde in meinem Haus keine Respektlosigkeit!

Dienstag, 13. Mai

Wollte mich gerade über die Waschmaschine hermachen, als das Telefon klingelte. Der junge Vernon Rawlings. Wollte

143

wissen, um welchen Bibelabschnitt es Donnerstag geht. Ließ alles fallen und sagte, ich käme gleich vorbei, um ihm das Nötige zu erklären.

Anne sah mich an wie eine Rachegöttin. Seltsam — ich dachte immer, sie mag den jungen Vernon.

Mittwoch, 14. Mai

Wirklich sauer! Gerald hat an der Waschmaschine rumgemurkst und alles nur schlimmer gemacht. Erinnerte ihn daran, daß die Schrift sagt, wir sollten getreue Haushalter sein und nicht durch Pfusch zusätzliche Kosten verursachen.

Etwas später, als ich gerade losging, um den Cooks mit dem Problem des jungen Charles im Hinblick auf Willensfreiheit und Prädestination beizustehen, hörte ich ganz genau, wie Anne und Gerald im Holzverschlag darüber stritten, wer von beiden die Axt *zuerst* benutzen soll. Absonderlich!

Donnerstag, 15. Mai

Stecken Anne und Gerald in einer geistlichen Krise? Habe festgestellt, daß ihre Grundeinstellung kalt und passiv ist. Beide sagten heute während des Hauskreisabends kein Sterbenswort.

Als sie später die Kaffeetassen spülte, sagte ich zu Anne: „Anne, ich glaube, ich muß mal ein Wörtchen mit dir reden."

Sie sagte: „Und ich werde mal ein Wörtchen mit dir reden, wenn die Maschine nicht binnen kürzester Zeit in Ordnung ist!"

Betete für sie.

Freitag, 16. Mai

18.15 Uhr.

Finde um sechs zu Hause einen Zettel von Anne auf der Anrichte, der mich mit der Nachricht in Aufregung versetzt, daß im Café Humph, gleich um die Ecke, eine verwaiste Familie sitzt. Ob ich mich um sie kümmern könnte?! Großartig! Geistliche Herausforderung! Fühle mich wie die getaufte Version von Batman. Werde sofort — gewappnet mit dem Geist und dem Wort — losziehen, um mich jenen Mächten der Finsternis in den Weg zu stellen, die mich dort erwarten mögen, und ihnen ins Angesicht zu widerstehen!

20.30 Uhr.

Kam gegen halb sieben ins Café Humph, aber außer Humph selbst waren Anne und Gerald die einzigen Anwesenden! Sie saßen an einem Tisch in der hintersten Ecke und tranken Tee. Konnte mir keinen Reim darauf machen. Setzte mich zu ihnen. Ich fragte: „Wo ist die verwaiste Familie?"

Gerald sagte: „Das sind wir."

„Aber ich hab' doch bloß... Ich war doch nur... ich hab' doch nur das Werk des Herrn getan..."

Anne sagte: „Wir dachten, vielleicht sind *wir* auch das Werk des Herrn — wenigstens ab und zu, wenn das möglich ist?"

Gerald spendierte eine Runde Fritten. Ich versprach, die Waschmaschine zu machen. Ich entschuldigte mich. Wir lachten zusammen. Ich vermute, Gott hat auch gelacht.

Samstag, 17. Mai

Brachte heute früh die Waschmaschine in Ordnung. Dauerte ganze sieben Minuten. Machte danach mit Anne einen Spaziergang. Sie sagt, die „verwaiste Familie" war Frank Braddocks Einfall. Erzählte auch, daß ihr Frank erzählt hat, er sei zusammen mit Pater John zur Schule gegangen, daher die Sache mit dem „alten Huhn" und dem „Stinktier". Beide seien angeblich am selben Tag zum Glauben gekommen. Sind dann verschiedene Wege gegangen und auch wieder nicht — wirklich witzig.

Komme mir vor, als bin ich heute aus einem langen Fiebertraum aufgewacht. Rief nach dem Mittagessen Leonard an und fragte ihn, wieviele Punkte (von eins bis zehn) er mir für meine bisherigen Leistungen als Hauskreisleiter gibt.

Er sagte: „Da gibt's überhaupt *keine* Frage. Zehn von zehn! Ganz einfach!"

Ich fragte: „Und wie viele, wenn du ehrlich bist?"

„Drei weniger", sagte Thynn.

Dankte ihm für seine Aufrichtigkeit und sagte, in Zukunft würde alles anders werden. Wollte gerade den Hörer auflegen, als mir noch was einfiel.

„Leonard, warum hast du dir die Katze ge..."

Er hatte bereits aufgelegt.

Sonntag, 18. Mai

Gerade im Aufbruch zur Kirche, als das Telefon ging. Wollte es schon klingeln lassen, dachte dann aber, vielleicht ist es was Wichtiges. Bill Dove war dran.

„Wollte dir nur sagen", sagte er leise, „daß Kitty heimgegangen ist. Sechs Uhr heut' früh. Hat noch mal gelächelt wie früher und gesagt: ,Zeit ist abgelaufen, mein Lieber, bis später' — und das war's."

Konnte nicht reden.

„Gestern abend hat sie mir noch was für dich gesagt", fuhr Bill fort. „Mußte ihr versprechen, es dir gleich mitzuteilen, wenn sie nicht mehr da ist."

Brachte kaum ein Flüstern raus. „Was hat sie gesagt?"

„Sie hat gesagt: ,Sag ihm, Bill, daß Kitty sagt, Gott mag ihn noch viel lieber als ich, und drum kann ja eigentlich gar nichts schiefgehen!'"

„Danke, Bill... danke... Gibt's irgendwas, was ich...?"

„Im Moment nicht", sagte Bill. „Bis bald, Kumpel!"

Erzählte es Anne und Gerald. Wir nahmen uns eine Weile zu dritt in den Arm und gingen dann zur Kirche.

Montag, 19. Mai

Anne erinnerte mich heute morgen daran, daß nur noch sechs Tage sind bis zu unserer alljährlichen Fahrt zu „Laßt Gott herniederfahren und Wunder des Wachstums wirken!", dem großen christlichen Festival bei Wetbridge im Westen. Von unserer Kirche fährt eine ganze Gruppe. Freue mich diesmal schon ziemlich drauf. In den letzten Jahren haben wir immer einen Wohnwagen gemietet. Dieses Jahr haben wir uns ein Zelt gekauft! Kann es gar nicht erwarten! Der Speck, der morgens lecker auf dem Spirituskocher bruzzelt — das gesunde Gefühl, an der frischen Luft zu sein — gedämpfte Gespräche am Abend unterm Sternenzelt — gute Gemeinschaft mit anderen Campern und Caravanern — wundervoll! Samstag, du kannst kommen!

Ich bestehe darauf, daß wir *sehr* zeitig aufbrechen, am besten gegen 4.00 Uhr früh. Gerald stöhnte und Anne seufzte, als ich das sagte, aber das ist die *einzige* Möglichkeit, damit wir's schaffen. Mit den Hühnern aus den Federn!

Heute abend sagte Gerald: „Bist du dir sicher, daß dein Rücken das Zelten übersteht, Papa? Vielleicht ist's da drunten in Wetbridge ein bißchen frisch."

Ich sagte: „Müßte eigentlich gut gehen — habe nicht mal mehr ein *Zwicken* gemerkt, schon seit... ooh, mindestens seit Februar oder März nicht mehr — unberufen."

Warum müssen Anne und Gerald jedes Mal lachen, wenn es um meinen Rücken geht?

Dienstag, 20. Mai

Ziemlich peinliche Situation heute abend. Edwin, Richard, Percy Brain und Leonard kamen einfach so vorbei. Nach einer Weile fragte Leonard: „Was ist der größte Blödsinn, den jeder von euch gemacht hat?"

Danach wurde es ziemlich amüsant, bis Gerald dran war. Anstatt über den größten Blödsinn zu reden, den *er* verbockt hat, spulte er eine lange Litanei ab mit den blödsinnigsten Sachen, die *ich* mir geleistet habe. Edwin und Percy kugelten sich! Als Gerald beschrieb, wie er und Anne mich beobachteten, als ich im Korridor lag und meine Füße gegen die Haustür stemmte, dachte ich, Edwin tut sich was an, und als er bei der Stelle angelangt war, wo ich die Büroklammer anschrie, tat sich Thynn tatsächlich was an. Er lag bäuchlings auf dem Boden, lachte Tränen und hämmerte mit der Faust den Teppich, bis er dabei versehentlich die eigene Nase traf. Empfand Genugtuung. Gerald wollte gerade geschickt zu den „Heißen Schenkeln im feuchten Gras" überleiten, als Anne hereinkam und in einer Hand einen Bügel mit Anzug, in der anderen einen Zettel hielt. War heilfroh, daß sie uns unterbrochen hatte.

„Wir unterhalten uns gerade über einen oder zwei von Papas weniger lichten Momenten", sagte Gerald.

„Ausnehmend unterhaltsam!" kicherte Percy.

Thynn noch immer hingestreckt, von Zeit zu Zeit schwach keuchend. Edwin lächelnd und kopfschüttelnd.

Sah, wie Anne einen Blick auf den Zettel warf, den sie in der Hand hatte.

Sie sagte: „Ja dann will ich euch lieber nicht stören. Wollte nur sagen, daß dein Anzug aus der Reinigung zurück ist, und da ist dieser Zettel… ich komm später noch mal."

Wollte „Heiße Schenkel im feuchten Gras" unbedingt vermeiden! Deshalb sagte ich: „Ist völlig in Ordnung, Anne, mach nur — ein Zettel, sagst du? Was für ein Zettel?"

„Ich glaube nicht…"

Ich sagte: „Sieh mal, Anne, wir haben sowieso über nichts Wichtiges geredet, nur über ein paar alberne Zufälle, die alle völlig logische Erklärungen haben. Also mach schon, Anne."

„Ich will nicht…"

„Bitte, Anne!"

„Es geht nur darum, daß sie bei der Reinigung einen Zettel in deinem Anzug gefunden haben, bevor sie ihn… und ich wollte eigentlich nur wissen… ich komme später noch mal."

„Anne, bitte lies jetzt den Zettel vor! Was ist los mit dir?"

„Ich kann nicht…"

„Anne!!"

148

„Also gut... auf deine Verantwortung. Der Zettel trägt deine Handschrift, und da steht drauf... Ich komm später..."

„Anne!!!"

„Da steht: Kauf einen LAUBFROSCH und nenn ihn Kaiser WILHELM!"

War nicht in der Lage, die völlig logische Erklärung für diese Notiz abzugeben, weil kein Mensch zuhören wollte. Alle bogen sich hilflos vor Lachen — sogar Richard, der wie ein alter Esel wieherte.

Erinnerte Anne und Gerald zu später Stunde nochmals daran, daß wir Samstag um *vier* abfahren. Ich kenne die beiden. Die denken, ich vergesse es.

Mittwoch, 21. Mai

Gebetszeit hat sich jetzt auf eine Stunde jeden Morgen eingependelt. Genau richtig. Mußte einige Anfragen aus den Reihen meines Hauskreises betreffs Heimbesuchen abschmettern. Bin natürlich selber schuld, aber was zu weit geht, geht zu weit! Raymond Pond wollte, daß ich heute abend vorbeikomme und seine mongolische Wüstenratte füttere. Als ich fragte, warum, sagte er, er säße gerade so schön am offenen Kamin direkt neben dem Telefon, und er hätte keine Lust, von seinem Platz aufzustehen. Alles, was recht ist!

Fragte Anne und Gerald am Abend: „*Wann* fahren wir Samstag ab?"

„Sieben, oder?" sagte Gerald.

„Acht Uhr?" sagte Anne.

„Vier!" sagte ich. „V-I-E-R, V-I-E-R!"

Donnerstag, 22. Mai

Seltsamer Vorfall heute bei der Arbeit. Glander kam zu mir rüber und sagte feixend: „Sie wissen doch, dieser bekloppte Kumpel von Ihnen, der auf der Party war — dieser Thynn oder wie der heißt?"

„Ja?" sagte ich überrascht. „Also", sagte Glander, „ein Freund von mir hat mir erzählt, daß er neulich mitgekriegt hat, wie dieser ‚christliche' Mr. Thynn sternhagelblau vor dem *Roten Anker* lag und von zwei Blaumännern vom Bürgersteig abgekratzt werden mußte. Ich dachte, Sie wüßten das, wo er doch so ein guter Freund von Ihnen ist und auch zu den kleinen Sonnenstrahlen des Herrn Jesus gehört."

Wollte — Schande über mich! — einen teuflischen Augenblick lang sagen, daß ich mit Thynn gar nicht so eng befreundet bin und daß wir anderen in der Gemeinde nicht so sind wie er, aber plötzlich stellte ich mir vor, wie Anne und Gerald und Kitty und Leonard und Jesus alle dastehen und darauf warten, was ich sage.

Ich sagte: „Ich wußte das, Everett. Leonard ist einer meiner besten Freunde, deshalb bin ich meistens auf dem laufenden, was mit ihm los ist. Er hat Probleme mit dem Trinken. Ich habe Probleme damit, daß ich so tolpatschig bin und ständig alles durcheinanderbringe. Alle bei uns in der Kirche haben Probleme. Wir sind keine besonders tollen Leute, aber Gott vergibt uns immer wieder. Gibt es jemanden, der Ihnen vergibt, was *Sie* machen, Everett?"

Kann gar nicht glauben, daß *ich* so was gesagt habe! Erwartete, daß sich Glander kaputtlacht, aber er legte nur die Stirn in Falten, grunzte und ging wieder an seinen Schreibtisch. Kam am Ende des Tages auf mich zu und hätte sich *fast* entschuldigt! Wer weiß — eines Tages...?

Kein Hauskreis diese Woche, alle bereiten sich auf Samstag vor. Gerald hatte einen Überraschungsbrief von Andromeda, die im März bei uns gewohnt hat.

„Liehber Gehralt,

Wie gets? Was macht dein Persöhnliches prohblehm? Ich wollte von Muter auch einz kriehgen aber sie sagt ich ticke wollnich gantz richdich. Sie is keine sotzjalißtinn mit ihrm eignen Portmohneeh. Ich sagte zu ihr sie is ne verkabbte

150

Thätscherißtin, da schikte sie mich one mühßlie ins Bett und hat gesakt, ich führchte ich finde daß nich ser kohmisch. Wenn die rehwolluzjohn komt wirt sie ier blaues wuhnder ehrlebn nich war Gerald!? Wen ich mahl gros bin geh ich nach Ruslant. Da is Herr Gohr Batschoff unt hühtet das sotzjalißtihsche Idjahl. Ich bin gewihlt dich eines tages zu heirahtn Gerald wen du dich auch Veal mit Nachnahmen nenst unt mit dein Pottmohnäh sohzjalißtisch bißt.

Libe Grüse
Andromeda

P.S. Wehn du jemahlß auß deim Pehrsönlichen prohblem rauswäxt,
kriech ichs dann?
P.P.S. wie gets dem Farschißt bei den du wonst?

Farschißt — ich meine: Faschist? Ich? Fragte Anne, wo sie mich im politischen Spektrum einordnen würde. Sie sagte, ich hätte ihrer Ansicht nach wohl leicht *link-ische* Tendenzen...

Freitag, 23. Mai

Kaum kam ich heute nach der Arbeit zur Haustür rein, da drang auch schon Elsies Stimme aus dem Wohnzimmer aufdringlich an mein Ohr.

„Tut mir leid, Gerald, ganz egal, was du sagst. Es ist aus und vorbei und damit basta! Der arme William hat ja so gelitten. Ich fühle mich innerlich geführt, wieder mit ihm zusammen zu sein. Und das werde ich auch machen!"

Hörte, wie Gerald sagte: „Aber Elsie..." Dann kam Elsie aus dem Zimmer geschossen, umschlängelte geschickt die Hindernisse im Korridor und stürzte dramatisch zur Haustür hinaus, ohne mich eines Wortes zu würdigen. Fand Gerald in einem Sessel sitzen, den Kopf in die Hände vergraben. Ging hin und legte ihm den Arm um die Schulter.

Ich sagte teilnahmsvoll: „Ich weiß, Gerald, es ist schwer..."
Gerald sah hoch und grinste. „Und ob es schwer ist, Papa!
Hat mich fast vierzehn Tage gekostet, bis ich Elsie überzeugt
hatte, daß unsre Trennung *ihr* Einfall ist."

21.30 Uhr.

Zeitig ins Bett, um morgen früh um 4.00 Uhr startbereit
zu sein. Habe den Wecker auf halb vier gestellt, dann werden
wir *alle* aufstehen. Gerald grinste mich gerade beim Zubettgehen überaus aufreizend an. Er denkt, ich werde alles ver-
masseln — den Wecker falsch stellen oder sowas. Auch Anne
blickte eher skeptisch drein. Werden ja sehen. Morgiger
Morgen, rücke heran! Diesmal wird es jedenfalls *nicht* schiefgehen!

22.30 Uhr.

Tu mich ein bißchen schwer mit dem Einschlafen, weil ich
mir wegen dem Aufwachen Sorgen mache.

23.30 Uhr.

Kann immer noch nicht schlafen. Bin ein bißchen beunru-
higt. Wenn ich nicht bald weg bin, schnarche ich über das
Weckerrasseln hinweg. Muß mich bemühen, mich *nicht* zu
bemühen, zur Ruhe zu kommen.

0.15 Uhr.

Immer noch wach. Und nur noch dreieinhalb Stunden, bis
der Wecker klingelt!

0.19 Uhr.

Gerade anderthalb Minuten lang eingedöst. Träumte, ich
bin wach und quäle mich rum, weil ich nicht einschlafen
kann.

1.00 Uhr.

Zu spät, um ans Schlafen zu denken. Jetzt muß ich bis halb
vier wach bleiben. Ich *muß* einfach!! Gehe in die Küche, um
Kaffee zu machen.

2.00 Uhr.

Immer noch wach! Blick schwer und verschwommen —
will nichts als schlafen — meine, wachbleiben!

2.45 Uhr.

Ich glaube, ich schaff's. Fühle mich wie tot, aber immer noch schlafend — meine, wach!

3.00 Uhr.

Gott haz gemacht, muß immer gähn, waber bill blach weiben...

3.29 Uhr.

Geschafft! Ihnen zeigen. Setz mich noch Moment in Sessl bis Wecker... geschafft!!! was fürn Trium...

Samstag, 24. Mai

11.00 Uhr.

Es gibt Zeiten, wo meine Familie unerträglich ist!

Anne und Gerald weckten mich um zehn und mimten die Empörten, weil wir jetzt doch nicht rechtzeitig weggekommen sind. Gerald sagte, ich hätte ja zumindest ins Bett gehen können und *versuchen* zu schlafen, anstatt die ganze Nacht wachzusitzen und im Sessel einzudösen. Anne sagte, jetzt hätte es auch keinen Sinn mehr, daß ich Stille Zeit halte, weil Gott schon vor Stunden Richtung Wetbridge abgefahren sei. Finde das gar nicht komisch. Kam mir vor wie eine tote Schnecke, als ich den Versuch unternahm, aus dem Sessel hochzukommen. Fühle mich jetzt viel besser, nachdem ich mich gewaschen und was gegessen habe. Wetbridge, wir kommen! Wir treffen die anderen dort. Muß dran denken, das Tagebuch mitzunehmen. Ich werde jeden Abend vor dem Zelt sitzen und die Ereignisse und geistlichen Einsichten des Tages festhalten. Kann es gar nicht erwarten.

22.00 Uhr.

Kamen am mittleren Nachmittag bei „Laßt Gott herniederfahren und Wunder des Wachstums wirken!" an. Anne, Gerald und ich bauten unser nagelneues Rahmenzelt Marke „Sturmfest" in nullkommanichts auf — trotz böig auffrischender Winde und schauerartiger Niederschläge. Nachdem wir beim Toilettenhaus waren, marschierten wir in Richtung

153

Laden. Kamen an unserem prächtigen neuen Zelt vorbei, das aufrecht und stolz dem Unbill des Wetters trotzte. Etwas später kam unser prächtiges neues Zelt an uns vorbei. Es flatterte durch die Luft wie ein riesiges, übergeschnapptes, blau-weißes Segel. Konnte es schließlich direkt vor Richard und Doreen Cooks „Super-Safari-Komplett-Komfort-Ferien-Wohnmobil" einfangen. Sah, wie drinnen Richard in der Wärme saß, Tee schlürfte und in der Bibel las. Er nickte und lächelte zu mir hin und formte mit dem Mund die Worte: „Preist den Herrn!", während ich mit einem Haufen von glitschigem Segeltuch rang.

Formte mit dem Mund eine unhörbare Antwort!

Alles triefte! Mußten runter nach Wetbridge in den Waschsalon, um alles trocken zu kriegen. Zu spät zurück, um das Zelt wieder aufzubauen. Gingen zur „Laßt Gott herniederfahren und Wunder des Wachstums wirken"-Lagerleitung, wo uns eine grimmig blickende Person (die permanent wiederholte, das sei nun endgültig das letzte Jahr, daß sie das mitmacht) den Schlüssel zu einem winzigen, aber wetterfesten ehemaligen Kuhstall aushändigte, wo wir schließlich in seltsam verrenkter Haltung die Nacht zubrachten.

Sonntag, 25. Mai

Wieder runter zum Waschsalon von Wetbridge, diesmal mit den Kleidungsstücken, die der Regen eingeweicht hat, der durch lecke Stellen in den wetterfesten Kuhstall eingedrungen ist. Schon früh um halb acht eine überraschende Anzahl von Menschen da. Ein Paar, das die Nacht in zwanzig Zentimeter Wasser verbracht hat, wollte unbedingt rechtzeitig zum Seminar „Die erfüllte Ehe" zurück sein. Schienen wirklich ein bißchen verzweifelt, die beiden.

Kehrte schließlich zurück und schlug abermals das Zelt auf. Trieb Heringe durch alle Teile, die sich frei bewegten.

Am Abend mit der Gruppe aus unserer Gemeinde zum ersten „Fest". Erleichterte unterwegs Thynn um ein Sechs-Pack

Bier und zwei Flaschen Valpolicella. Erklärte ihm, was in vorliegendem Falle unter „Fest" zu verstehen sei.

Freute mich, als ich merkte, daß Gerald während des Vortrags voll konzentriert war. Stellte sich später heraus, daß er seine gesamten mentalen Energien darauf verwendet hatte, herauszuarbeiten, daß *Das Neue Testament* ein Anagramm ist von *Test! am Ende: staune!!* War ein bißchen sauer auf ihn.

Montag, 26. Mai

Versäumte es, die Kleidung gestern abend anständig zu verstauen. Alles klitschnaß. Wieder zum Waschsalon von Wetbridge. Man sollte *dort* ein Seminar abhalten.

Am Abend sprach Peter Meadows. Gerald sagte hinterher: „Das war wirklich mal ein guter Vortrag, Papa!"

Mußte mich schuldig bekennen, daß ich die meiste Zeit damit zugebracht hatte, herauszutüfteln, daß *Apostelgeschichte* zumindest *beinahe* ein Anagramm von *telepathisches Ego* ist (leider bleibt dabei ein christliches „c" übrig).

Dienstag, 27. Mai

Kam heute früh vom Waschsalon in Wetbridge zurück und stieß auf die taube alte Mrs. Thynn, die auf mich gewartete hatte, um mir ihre Enttäuschung kundzutun, daß sie bisher in ihrem Seminar noch kein einziges Mal die Gelegenheit gehabt hätten, einen Ertrinkenden zu retten.

Sah sie fassungslos an.

„Aber sind Sie nicht im Workshop über evangelistische Hausbesuche?" fragte ich.

„Sag' ich doch", sagte sie. „Von Mund zu Mund!"

Alles, was recht ist! Man hätte doch erwarten können, daß ihr Leonard so was erklärt, oder?

Hatte ein paar Probleme mit *meinem* Seminar heute früh. Sollte eigentlich in Zelt 9 sein, mußte jedoch nach Zelt 6 verlegt werden; Zelt 6 hatte es jedoch umgeweht, so daß das Seminar von Zelt 9 letztendlich in Zelt 14 stattfinden sollte,

während das Seminar im neuen Zelt 6 nach Zelt 9 zurück-
verlegt worden war; allerdings hatte es Zelt 9 mittlerweile
auch umgeweht. Schließlich wanderte unsere Gruppe auf der
Suche nach einem nicht belegten Zelt trostlos durchs Lager-
gelände und diskutierte ambulant über die Stabilität der Kirche.

Wurde später im Laden — während ich anstand, um Gummibärchen für den abendlichen Vortrag zu erwerben — Zeu-
ge eines Gesprächs zwischen zwei Campern. Der eine sagte,
Gott wolle uns durch das schlechte Wetter und den Einsturz
der Zelte mitteilen, daß solche Großveranstaltungen falsch
sind. Der andere hingegen behauptete, Gott wolle dadurch
unsere Ausdauer bei einer Sache auf die Probe stellen, die
zweifelsohne *richtig* ist. Der alte Bursche aus dem Ort, der
hinter der Theke stand, unterbrach sie und sagte, daß es zu
dieser Jahreszeit hier unten immer „verdammt verregnet" ist
und daß er nicht versteht, warum man „das hier trotzdem
immer wieder macht."

Mittwoch, 28. Mai

Heute früh im Waschsalon zu Wetbridge ansehnlicher
Auflauf. Fragte die Leute, ob sie wohl wieder einmal zu
„Laßt Gott herniederfahren und Wunder des Wachstums
wirken" kommen würden. Sie sagten alle, sie kämen wieder,
weil die Kirche gerade in Zeiten der Anfechtung aufblüht.

Wieder auf dem Zeltplatz. Ging zum Waschraum. Seltsam,
sich allmorgendlich vor wildfremden Leuten zu waschen.
Fühle mich verpflichtet, ein bißchen gründlicher vorzugehen
als üblich, falls sie denken, ich wasche mich nicht richtig. Das
Wasser ist eiskalt, obwohl die Hähne mit „K" und „H" markiert sind. Gerald sagt, „K" steht für „Kalt" und „H" für
„Hundekalt".

Donnerstag, 29. Mai

Was für eine Nacht! Kam mir vor, als ob Wotan und das wilde Heer abwechselnd ununterbrochen am Zelt gerüttelt hätten. Gegen zwei sagte ich zu Anne: „Einer von uns sollte rausgehen und die Verspannungen und Pflöcke nachsehen."

Anne sagte: „Ganz deiner Meinung. Einer von uns muß unbedingt raus und das machen."

Ziemlich eindeutiges Schnarchen aus Geralds Richtung.

Stand schließlich auf und kroch in die Finsternis, um Wotan und dem wilden Heer die Stirn zu bieten. Alles gut abgesichert. Anne und Gerald im Tiefschlaf, als ich zurückkehrte. Hatte zwei Alpträume, als ich endlich auch einnickte. Im ersten kam ich in den Himmel und stellte fest, daß es dort genauso zuging wie bei „Laßt Gott herniederfahren und Wunder des Wachstums wirken". Wachte in Panik auf.

Im zweiten starb ich und kam in die Hölle. Dort ging es ebenfalls zu wie bei „Laßt Gott herniederfahren und Wunder des Wachstums wirken". Erwachte schweißgebadet und stand sehr zeitig auf, um das Zeug für den Waschsalon zusammenzusuchen.

Redete heute morgen mit vielen netten Leuten aus den verschiedensten Denominationen. Tolles interkonfessionelles Gespräch im Café. Mußten es abbrechen, weil wir sonst zu spät zum Seminar über „Einheit" gekommen wären.

Freitag, 30. Mai

Alles trocken heute morgen! Habe den gewohnten Gang zum Waschsalon geradezu vermißt. Wäre beinahe trotzdem gegangen…

Fragte heute nachmittag Anne, ob es ihr gefallen hat.

Sie sagte: „Oh doch, trotz allem ist es doch schön, mit so vielen Leuten zusammenzusein, die sich bemühen, das zu tun, was Gott ihnen sagt. Wir sind schon ein verrückter Haufen, oder?"

„Ja", dachte ich, „das sind wir wirklich." Fragte Gott im stillen, was in dieser komischen Welt von Zelten und Wohnwagen, umfallenden Masten und Festen und Christen und kaltem Wasser und miesem Wetter *wirklich* wichtig ist. Als ich die Augen aufmachte, sah ich eine Figur, die sich auf der Straße an unserem Zelt vorbeischleppte. Sie trug einen riesigen Holzhammer und stolperte müde und schwerfällig vor sich hin. Der junge Mann sah runtergekommen und verdreckt aus. Wahrscheinlich hatte er die letzten 24 Stunden kein Auge zugetan, weil er die ganze Nacht in Wind und Regen geschuftet hatte, um ein paar Versammlungszelte zu retten. Man konnte in seinen Augen noch ein schwaches Nachtlicht glänzen sehen, als er vorbeiging. Da wußte ich irgendwie, daß das Wetter solch ein Licht niemals auslöschen kann.

„So ist es", schien Gott zu sagen. „Das ist es, worauf es ankommt."

Dieser junge Mannn, *das* war ein „getreuer Haushalter".

Samstag, 31. Mai

Lagerabendmahl. Als wir so dasaßen und auf Brot und Wein warteten, mußte ich einfach Leonard und Richard und Gerald und Anne und Edwin und all die anderen anschauen, und ich fragte mich, warum uns Gott wohl zusammengebracht hat. Bin wirklich froh drüber. Spürte einen dicken Kloß im Hals, als ich sah, wie Thynn die Augen zuquetschte, als er den Kelch in die Hände nahm und sein Problem schluckte — samt seiner Lösung.

Apropos Leonard — das erinnert mich an was. Gleich nachher muß ich ihn erwischen und ihn endlich dazu bringen mir zu sagen, wozu er die verflixte Katze ausgeborgt hat…

Reihe »Brendow Lese-Zeichen«

Gilbert Keith Chesterton
Heitere Weisheit, ernste Späße
Aphorismen. Gesammelt und übersetzt von Gisbert Kranz.
Pb., 80 S., mit Zeichnungen und Lesezeichen.
Best.-Nr. 57112

Spritzige Zitate aus seinem großen Gesamtwerk.

Gunhild Christ
Gezz maa Butter bei die Fische!
Pb., 64 S., mit Zeichnungen und Lesezeichen.
Best.-Nr. 57120

Emmi Koslowski macht sich Gedanken über Gott und die Welt.

Claus Stier
Von Davids Stein und Simons Stab
Pb., 80 S., mit Zeichnungen und Lesezeichen.
Best.-Nr. 57144

In Verse gesetzt werden biblische Geschichten dem Leser von heute nahegebracht.

Gunter Filbry
Jesus in Frankfurt und anderswo
Pb., 64 S., mit Zeichnungen und Lesezeichen.
Best.-Nr. 57129

Jesus kommt überraschend heute in unseren Alltag.

Ulrich Parzany
Hornhaut auf der Seele?
Pb., 80 S., mit Lesezeichen. Best.-Nr. 57135

Über 70 Anstöße von Bileams streitbarer Esel-Dame.

Jo Scharwächter

Halleluja-Jo

Vom Zuhälter zum Heilsarmee-Offizier
Paperback, 88 Seiten, Bestell-Nr. 57134

Der „Holländer-Jo", wie man ihn in einschlägigen Kreisen nennt, wird eine der gefürchtetsten Figuren der Unterwelt. Als Zuhälter fällt es ihm nicht schwer, sich Frauen gefügig zu machen. Mit seinen Fäusten verschafft er sich sein Recht. Der Alkohol fließt in Strömen. Der Knast wird zur zweiten Heimat.
Ausgerechnet dort erlebt Jo seine Lebenswende. Gott kriegt den harten Burschen klein. Aber es ist nicht das Ende, sondern erst der Anfang: Aus dem Holländer-Jo wird der Halleluja-Jo, aus dem Ganoven ein Evangelist.

Peter Wössner

Tätowiert und vorbestraft

Meine ungewöhnliche Lebenswende
Paperback, 96 Seiten, Bestell-Nr. 57154

Peter Wössner, 1,92 Meter groß, gut 100 Kilo schwer: ein Klotz von einem Mann. In jungen Jahren sucht er als Seefahrer das Abenteuer.
Zurück an Land beginnt er seine kriminelle Karriere. Mit 21 Jahren wird er im Knast volljährig. Mit Dreißig hat er sein Strafkonto mit 14 Verurteilungen hoffnungslos überzogen: Diebstahl, Einbruch, Raub, Falschgeldschiebung, Zuhälterei, Körperverletzung.
Wössner will aussteigen, aber kann nicht. Sein unersättlicher Lebensstil zeichnet ihn wie die Tätowierungen seines Körpers. Unwiderruflich, unauslöschbar. Doch er bekommt die Chance, völlig von vorne anzufangen: Gott wischt die Spuren seiner Vergangenheit aus. Er stellt den kaputten Typen wieder auf die Füße. Für Peter Wössner beginnt ein neues Leben...